用于国家职业技能鉴定

国家职业资格培训教程

YONGYU GUOJIA ZHIYE JINENG JIANDING • GUOJIA ZHIYE ZIGE PEIXUN JIAOCHENG

物流师（基础知识）

WULIUSHI

（第2版）

编审委员会

主　任　刘　康

副主任　张亚男

委　员　（按姓氏笔画排列）

王　东　冯天相　刘　伟　刘永澎

张　伟　张健雄　陈　蕾　周　岳

周海明　姚宗明　顾　青

编审人员

主　编　顾　青

编　者　顾　青　张健雄　周海明　王　东

纪寿文

主　审　张健雄

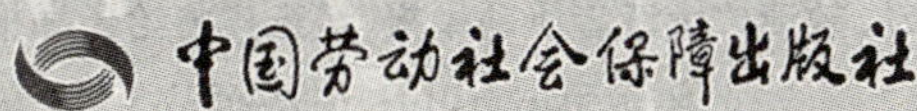

图书在版编目(CIP)数据

物流师. 基础知识/中国就业培训技术指导中心组织编写. —2 版. —北京：中国劳动社会保障出版社，2009

国家职业资格培训教程

ISBN 978-7-5045-6946-2

Ⅰ.①物… Ⅱ.①中… Ⅲ.①物流-物资管理-职业技能鉴定-教材 Ⅳ.①F252

中国版本图书馆 CIP 数据核字(2009)第 112702 号

中国劳动社会保障出版社出版发行

(北京市惠新东街 1 号 邮政编码：100029)

出版人:张梦欣

北京北苑印刷有限责任公司印刷装订 新华书店经销

787 毫米×1092 毫米 16 开本 10 印张 210 千字

2013 年 8 月第 2 版 2017 年 2 月第 12 次印刷

定价：19.00 元

读者服务部电话:(010) 64929211/64921644/84626437

营销部电话:(010) 64961894

出版社网址：http：//www.class.com.cn

前　言

为推动物流师职业培训和职业技能鉴定工作的开展，在物流师从业人员中推行国家职业资格证书制度，中国就业培训技术指导中心在完成《国家职业标准·物流师（2004 年版）》（以下简称《标准》）制定工作的基础上，组织参加《标准》编写和审定的专家及其他有关专家，编写了《国家职业资格培训教程·物流师》（以下简称《教程》）。

《教程》紧贴《标准》，内容上，力求体现"以职业活动为导向，以职业能力为核心"的指导思想，突出职业培训特色；结构上，针对物流师职业活动的领域，按照模块化的方式，分物流员、助理物流师、物流师、高级物流师 4 个级别进行编写。《教程》的基础知识部分内容涵盖《标准》的"基本要求"；技能部分的章对应于《标准》的"职业功能"，节对应于《标准》的"工作内容"，节中阐述的内容对应于《标准》的"技能要求"和"相关知识"。

《国家职业资格培训教程·物流师（基础知识）》适用于对物流员、助理物流师、物流师、高级物流师的培训，是职业技能鉴定的指定辅导用书。

中国物流与采购联合会的有关专家对本书的编写提出了宝贵意见，在此一并致谢。

由于时间仓促，不足之处在所难免，欢迎读者提出宝贵意见和建议。

中国就业培训技术指导中心

第 2 版说明

物流被称为第三利润源泉，物流产业的良性发展有力地支持着其他行业的快速发展，是整个社会经济运行的润滑剂，物流产业的发展水平已成为决定一个国家和地区的综合竞争力和生产力发展水平的重要指标。随着我国经济的持续快速发展，物流产业也蓬勃兴起，国内对物流人才的需求量也越来越大。

物流师国家职业资格培训教程（以下简称“老版教程”）于 2005 年出版，迄今已经使用了八年多。在这段时间内，全国物流师培训工作蓬勃开展，积累了许多有用的经验，但还存在一些问题。为了使物流师职业培训和鉴定适应社会各方面的新的要求，而现有的老版教程较难适应物流师实际培训和鉴定的要求，修订迫在眉睫。

一、修订原因

1. 适应物流产业发展的需要

近几年，随着物流产业的发展，物流服务的内容有了一些变化，形成了一些新的物流服务领域和项目（如物联网业务、对物流业务新的阐述等），也淘汰了一些旧的业务（如取消了铁路零担业务），这些都必须在教程中体现出来，才能适应现阶段社会对物流人才的需要。

2. 适应物流宏观管理改革的需要

国家行政机构改革，引起了物流业宏观管理制度和方法的改变，物流服务范围和内容都发生了一些变化，教学内容也应作相应调整，才能跟上经济发展的需要。

3. 培训教材逐步完善的需要

通过这八年来的实际教学和培训工作，参加物流师培训工作的教师和学员在使用过程中发现老版教程的内容、结构存在一些不合理和失误之处。例如，当时在编写过程中，限于篇幅，对相关内容，尤其是技能要求方面，没有作相应的展开，更没有作实例阐述，影响了考生对基本概念的理解，也影响了相关技能的培训。另外，老版教程中存在一些文字方面的错误，存在章节方面缺乏系统性和科学性的问题，有必要作一些细腻的调整与处理。

二、修订原则

本次修订主要应把握以下几点原则：

1. 修订教程以物流师国家职业标准（2004 年版）为依据，应涵盖国家职业标准中的所有能力要求和知识要求。

2. 尽量增加能力要求中的案例和例题，以增强读者的操作能力。

3. 全书尽可能体现现代物流领域的新鲜科技成果。

4. 本着保持原有模块的原则进行修改。

三、修订内容

职业功能	修订内容	涉及级别
基础知识	增加了物联网、供应链、RFID 及应用、EDI、配送的有关法律等内容	各级别
采购	增加采购预算、采购结算、采购市场调查方法、采购市场预测方法、采购和付款业务控制、认证需求计算、投标资格预审等内容	各级别
仓储	增加货运记录编制、数量与质量检验的范围、垫垛、苫盖、公共仓库或合同仓库仓储业务的监控、仓储合同范例、合理库存量的确定和管理、商品保管场所的选址、仓库内部空间决策、物流金融、订货方式的选择、仓储费报价策略等内容	各级别
配送	增加配送中心的类型、DRP 的编制、配送运营成本管理、共同配送、基准化管理等内容	各级别
运输	增加汽车货物运输变更、取消合同应办理的手续、运输调度方法、配载运输等内容。删去铁路零担业务的内容	各级别
生产物流	增加以 TOC 理论为依据的生产物流管理模式、生产物流管理模式的发展等内容。对章节结构进行调整	各级别
国际物流	增加场站收据、国际多式联运货物责任制等内容。对章节结构进行调整	各级别
信息管理	增加地理信息系统在物流中的应用、物流信息系统项目开发等内容。对章节结构进行调整	各级别
培训	增加培训的作用、培训的需求分析等内容	物流师和高级物流师

教材编写永无止境，尽管改版中已做了最大努力，但仍会存在瑕疵，希望使用教材的相关机构、院校和个人读者及时反馈信息，以便教材日臻完善。

目 录

CONTENTS 国家职业资格培训教程

第1章 职业道德知识

第1节 物流业职业道德概述

一、物流业职业道德的特点和作用

物流被看成是企业在降低物质消耗、提高劳动生产率以外的“第三利润源”，是“降低成本的最后处女地”，物流正成为我国经济发展的一个重要热点和新的经济增长点。所以在充分认识物流业的特点和重要作用的基础上，认识物流职业道德的特点和作用是十分重要的。

1. 物流业职业道德的特点

物流业职业道德除了有职业道德的一般特点外，还具有区别于其他职业道德的特点。

(1) 道德的内容和适用范围具有特殊性

物流企业职工必须正确处理与客户的关系，提供客户全方位满意的服务。服务涉及人、物品、资金、信息以及这些要素之间的相互关系。

(2) 道德规范的构成具有多层次和多样性

物流活动从总体上说是一个多环节的作业形式。是由运输、储存、装卸、搬运、包装、流通加工、配送、信息处理等多项活动组成，其工作性质和要求都有差别，道德规范也各有侧重。例如，运输以准时、保质、保量将物品送达客户指定地点为最主要和最基本的职责；配送是根据用户要求，对物品进行拣选、加工、包装、分割、组配等作业，并按时送达指定地点为最主要和最基本的职责；包装是在流通过程中用客户规定的容器、材料及辅助物等采用一定的技术方法用以完成保护产品、方便储运、促进销售等最主要和最基本的职责。同样都是物流企业员工，其道德规范和道德要求是不同的。

（3）道德活动具有示范性

由于物流行业面向社会、面向各行各业客户，其职工良好的道德行为，对形成高尚的社会道德风尚起着示范和引导的作用；反之，会产生相当大的社会负效应。

2. 物流业职业道德的作用

（1）物流业职业道德建设有利于促进物流事业的发展

物流业正成为我国经济发展的一个重要热点和新的经济增长点，在整个商品生产流通体系中，物流已成为不可缺少的重要环节，物流业在国民经济中具有重要地位。物流业职业道德对物流企业的发展有着至关重要的作用，加强职业道德建设，引导物流企业职工正确看待自己的职业，认识职业的重要地位，培养发自内心的职业感情，形成特定的职业责任心和荣誉感，有利于促进物流业在国民经济中发挥更大的作用。

（2）物流业职业道德建设有利于物流行业职工队伍的建设

人的思想道德品质的形成，除了受家庭教育、学校教育和社会影响外，还会受工作环境的影响。一个人的社会生活是多方面的，但主要是职业生活，抓好职业道德建设，能使职工把自己的理想同职业理想、人格追求结合起来，使人们在职业道德实践中，逐步自我完善。所以，加强职业道德教育，是职工队伍建设的本质要求。

（3）物流业职业道德建设有利于物流业良好风气的形成

我国物流业在保障各行各业正常生产秩序和人们正常的工作、生活秩序方面发挥着重要作用，这与广大物流行业职工的辛勤劳动，忠于职守，在艰苦的环境和条件下保质保量地完成工作任务是分不开的。在他们中间，涌现出许多具有高尚道德品质的模范人物，成为人们学习的榜样。但是，也确实存在着不讲道德的行为。如存在一些人以公谋私、服务态度恶劣、刁难货主、野蛮装运、正点率低、货损货差严重、故意泄露客户商业秘密、提供虚假信息、采取不正当竞争的手段损害客户利益等现象。这些不正之风的存在，其中一个重要的因素就是放松了职业道德教育。

因此，要广泛进行职业道德教育，使广大物流企业职工明确职业责任，遵守职业纪律，培养和形成良好的职业行为习惯，自觉克服和抵制行业不正之风，逐步树立全心全意为人民服务的思想，从而形成良好的行业风气。

（4）物流业职业道德建设有利于全社会职业道德素质的提高

在物流企业职工中开展职业道德教育，把职业道德意识逐步转化为职业道德行为和习惯，这无疑会不断提高物流行业的道德水平，同时也有利于全社会道德水平的提高。由于物流活动可以将各行各业汇合成统一的整体，因而物流业职业道德建设可以促进整个社会职业道德水平的提高。

二、物流业职业道德规范

由于物流业涉及范围广泛，有着工作个体的分散性和工作总体的整体性，经营内容的开放性等特性，由此他们的工作关系到千家万户。由于这种特殊的生产方式和行业特点，形成了特有的道德规范。

规范，就是指约定或明文规定的标准。社会生活中有各种规范，如政治规范、经济规范、道德规范、法律规范、技术规范等。道德规范也是广泛和多种多样的，有社会公德方面的、有家庭生活方面的、有职业生涯方面的。所谓物流业职业道德的规范，就是指现实社会中人们对从事物流活动的职工的道德评价标准和物流企业职工处理道德关系的基本要求。根据物流业职业道德建设的现状，归纳和提出物流业职业道德总的规范如下：

（1）热爱本职，诚信待人。

（2）安全第一，保守秘密。

（3）正点及时，讲究效率。

（4）尊客爱货，保质保量。

（5）遵纪守法，廉洁奉公。

（6）顾全大局，团结协作。

（7）艰苦奋斗，勤俭节约。

（8）钻研业务，善于创新。

三、物流业职业道德内容

在我国职业道德基本原则指导之下，结合物流行业本身的特点，形成物流业职业道德的如下内容。

1. 以客户服务为中心

（1）礼貌接待客户。客户服务的核心是给客户以希望，从各方面使客户感受到礼貌、尊敬、愉快和有所收获，使客户认为受到优于其他客户的对待，也使客户体会到优于其他物流企业的客户服务。

1）预约。通过电话或其他通讯方式为客户约定洽谈时间，并提前通知内部人员准备洽谈。

2）洽谈。洽谈前，制作好资料与文件；洽谈中，引导客户达成交易；准确把握洽谈的内容和时间。

3）回复客户。洽谈后，尽快以文件的形式将洽谈的结果知会客户。

（2）为客户制订物流作业方案与计划。

（3）在执行物流作业过程中，不断与客户协商交流，保证货物准时无货损送达。

（4）维系客户。对于经常性客户，必须以各种方式维系，包括回访、交际和公关活动。

（5）采用客户关系管理软件系统，规划与支持客户服务活动。

2. 高度的诚信原则

诚信原则对于物流行业尤其重要，因为物流是贸易，特别是国际贸易正常进行的物质保证。

（1）严格按照物流法律法规执行物流作业

物流国际法律法规制定了非常严格的条文，它是根据长期的实践，为保障货主与物流商的利益而逐渐完善的。绝不能以眼前的利益或者人际关系忽视物流法律的严肃性，也不能以任何借口变通执行。

（2）忠诚客户利益

物流的全球作业使得物流企业的诚信成为市场关注的核心，特别是货物代理企业在货损发生索赔时应维护客户利益。

1）物流从业人员必须以货物提单为根据，实事求是地确定责任，以保障客户的利益，同时维护企业的市场地位。应该杜绝推卸货损责任、拒绝赔付客户损失的不良行为。物流从业人员应当坚守职业道德，从个人做起。

2）维护运价变动时的客户利益。物流企业及从业人员应以诚信为职业准则，自觉维护客户利益。绝不能利用运输价格变动之际，增加收费或变相涨价，取得不法利益。

3. 良好的行为规范

企业形象不仅仅是企业的外在形象，它是通过员工的工作作风与公司信誉共同体现的。物流是典型的以市场营销为依存的行业，从业人员的行为代表着物流企业的形象，在某种程度上影响和制约着企业的发展，应大力提倡良好的行为规范。行为规范包括：

（1）语言规范

语言规范包含声音语言规范和身体语言规范。对于商业交流来说，声音语言规范的核心是简明易懂，尽量采用对方最愿意接受的语言方式。讲话时必须注意对方的反映，调整自己的讲话方式与内容，多给对方留接受与吸收的时间。在与物流客户的交流中，电话沟通是主要的方式，绝大多数客户以电话方式向物流公司订汽车、火车和轮船的舱位，要求配送公司准时送货。因此，电话成为物流企业形象的媒介。

身体语言是用来配合声音语言的。身体语言以身体的动作表达自己的意愿和倾向，往往具有比声音语言更大的作用。身体语言不仅是从业人员个人教养的反映，也是物流企业文化的鲜明表现。

（2）文件规范

1）文件如同物流企业的服装，必须整洁、规范、一致，并且兼具美观。

2）物流企业具有强烈的国际化特点，其文件也必须具备国际型企业共同的特征。

3）物流企业的文件语言应具备商业语言和技术语言两者的简洁与准确性。

4. 高效率的团队精神

团队精神是现代企业，特别是大型企业的力量所在。物流企业的基本要求是大型化，否则难以在市场竞争中生存。

（1）理解

现代物流企业与传统物流企业的不同在于，它是一体化的物流服务供应商，提供全面的物流服务。现代物流企业从业人员必须团结协作，时时处处发扬团队精神。团队精神首先建立在员工对企业战略的理解上，包括对企业的目标、能力、市场作为的理解。员工之间的理解应建立在相互沟通的基础上，应将自己工作中的所做所想与相关的公司成员交流。

（2）合作

合作精神是物流从业人员最基本的素质，因为物流行业使每一个企业和个人都成为供应链的成员。合作以企业利益为前提，以他人方便为准绳。方便别人的同时也方便了自己，今后将会有更多的客户愿意与你进行业务往来。

（3）制度

现代物流企业通过一体化运作使员工具有整体意识，供应链管理使员工明确社会责任与企业利润同等重要，这是物流企业容易实行从业人员合作的优势。

维持企业的团队精神还需要企业的制度化保障：定期检查企业执行物流作业中的不协调，分析产生的原因；对相关人员的奖励与批评；随市场与作业的变化，调整从业人员的作业程序。

5. 持续的竞争能力

物流行业是知识密集型产业，需要从业人员具备物流的高技能。在今天全球物流的态势下，物流的单据以英文为主，物流的程序化运作要求专业人员具备良好的物流软件与网络操作能力。

为了保持职业的竞争力，需要物流专业技术人员不断地更新自己的知识。

6. 物流从业人员职业守则

忠于职守，诚信待人；团结协作，顾全大局；爱岗敬业，遵纪守法；钻研业务，讲究效率；保守秘密，保证安全；勇于开拓，善于创新。

第 2 节　物流从业人员的职业道德

物流从业人员的主要经营活动包括采购与销售、运输与配送、装卸搬运与储存。而竞争和服务质量是物流企业经营所依赖的主要手段。

一、物流企业经营道德

1. 物品采购与销售职业道德

物品采购和销售是企业的基本经营活动，也是物流活动的环节之一。物流企业一方面从供应商那里购进原材料提供给生产者；另一方面从生产者那里购进产品提供给批发商或零售商甚至是最终消费者个人。购销二者所形成的货币差额，在扣除各种消耗、开支后即形成物流企业利润。因此，物品的购销是物流企业经营活动中的重要环节。企业利润与物流职工的物质利益紧密相连，从一定意义上说，物品的购销活动能最直接地反映社会中人与人之间的利益关系。

购与销两种业务活动，都直接关系到客户的利益。物流人员应在购销活动的各个环节上彼此相互合作、兼顾各方的利益，减少中间环节，提高工作效率，向生产者及时提供市场信息，严格遵守按质论价，公平交易等购销环节的职业道德原则，任何只顾自己、损害他人利益，索贿、受贿都是违反购销环节职业道德的行为。

购销环节职业道德包括热情服务、方便购买、公平交易，也包括技术服务以及实行“三包”等。具体可概括为以下五条道德要求：

第一，方便客户，及时购销；

第二，满足需要，按需购销；

第三，严格管理，信守合同；

第四，廉洁奉公，公私分明；

第五，文明购销，礼貌待客。

2. 物品运输与配送职业道德

运输与配送的物品是物流从业人员最基本、最重要的工作对象。客户都希望得到物流业提供的适当的时间，适当的地点，适当的成本，适当的客户，适当的产品或服务，适当的质量，适当的数量。以上即“7R”服务。这就要求从事物品运输与配送的物流企业员工必须具有高度的责任感和事业心。

物品运输与配送环节的职业道德具体可概括为：

第一，客户至上，准字第一；

第二，正点及时，保质保量；

第三，提高效率，降低成本。

3. 物品装卸搬运与储存职业道德

在物品的装卸搬运与储存活动中，往往要经过多次搬运装卸、多次堆放上架，经办人也要多次变换。特别是在物品储存中，为满足客户销售需要，有时还要经过一定的准备工作，如对商品进行挑选、整理、分装、编配等。因此，在这个过程中，确保物品的完好无损和无差错，是物品储存、装卸搬运员工的工作职责。

物品装卸搬运与储存环节的职业道德为：

第一，忠于职守，顾全大局；

第二，勤俭节约，尊客爱货；

第三，严格操作，防微杜渐；

第四，钻研业务，讲究效率。

二、竞争道德

不公平竞争和不正当竞争有悖于社会主义市场经济和竞争道德。不公平竞争和不正当竞争会败坏社会道德和社会风气，破坏市场经济中的机会均等、公平竞争、等价交换的道德原则。

1. 竞争与道德

（1）文化环境与竞争道德

文化环境对竞争道德的形成和完善具有重要影响。文化环境包括科学文化和心理文化两个方面，这两种文化与市场竞争有着直接的联系。经营者的科学文化水平直接决定企业竞争战略、策略水平和道德选择的指向；劳动者的科学文化水平则通过劳动过程、劳动效率直接决定企业的客观竞争能力。心理文化，不仅影响企业经营者和劳动者的竞争意识、竞争手段、竞争方式、竞争道德的选择，而且还制约着社会对企业竞争的评价标准和适应能力。

我国企业竞争的文化环境，从科学文化水平上来看，物流企业员工的文化知识和技术水平较低，相当一部分物流企业还属于劳动密集型企业。在心理文化上，我国一些企业和员工安于现状，小富即足、不求进取等经济伦理观点，严重影响着人们的创新意识、竞争意识、效率意识。要改变这种状况，就要树立敢于竞争、善于竞争的新时期道德观，大力培养和健全人们讲求效率、锐意进取的心理素质，培育先进的企业文化。

（2）企业竞争力与道德标准

一个有竞争意识的企业，应当在未来为今天的所作所为负责，这是竞争的道德准则的关键。企业应选择符合企业长远利益的道德标准——高标准的道德，企业成功与高水平的道德形象是并驾齐驱的。

（3）法律与竞争道德

竞争是市场经济的典型特征，也是促进市场经济机制健康发展的重要的手段。在社会主义市场经济基础上产生的竞争道德就要求参加竞争的所有企业和个人的经济行为必须合乎社会主义法律和道德的要求。

建立合法的竞争规范包括两个方面的建设：思想道德建设和法律制度建设。合法竞争没有道德作为精神支柱，难以深入人心；竞争道德没有法律作为强制手段，难以发挥其权威作用，两者是相互依存的。

经营者在市场交易中，应当遵守自愿、平等、公平、诚实信用的原则，遵守公认的商业道德，这与民法的平等、公平、自愿、诚实信用的原则精神一致。这些基本原则反映了商品经济社会对经营者的必然要求，是衡量一切交易行为的道德标准，也是带有法律强制性的法律准则。

物流业员工要在法律与竞争道德的问题上把握住以下几个方面。

1）在任何情况下不能有商业贿赂行为。

2）虚假宣传行为，违反了基本职业道德。在物流交易活动中的宣传也是一种竞争手段，但故意虚构事实或进行引人误解的宣传，其目的是使公众对物流业者的服务产生错误的理解，这些属于不正当竞争。虚假宣传、引人误解有三种形式：①虚假或引人误解的标签行为；②虚假或引人误解的广告行为；③欺骗性的价格表示。

3）侵犯商业秘密的行为是物流业者之大忌。商业秘密，是指不为公众知晓、能为权利人带来经济利益、具有实用性并经权利人采取保密措施的技术信息和经营信息。由于物流活动是为其他行业提供深层服务的行业。因此，为客户严守商业秘密是物流职业道德的重要内容。

4）物流企业员工要避免诋毁竞争对手的行为发生。诋毁竞争对手的行为不仅是违反商业道德的行为，同时，也是一种违法行为。只有缺乏竞争能力的企业，才会利用诋毁竞争对手作为本企业的竞争手段，这样的企业不会受到客户的青睐。

2. 市场竞争的道德原则

平等竞争原则是市场竞争中的道德原则，所谓平等竞争原则是指不论企业大小、地位如何，都有平等参加竞争的权利。这里所说的公平竞争，既不是生产能力和规模的拉平，也不是收入分配的平均，而是不论其是何种所有制经济形式，他们的竞争机会和起跑线是平等的，这种平等是社会主义竞争道德的基本要求和基本特征。

3. 信息竞争与职业道德

信息竞争是指经营者多、快、好、准地获得和运用信息的经营活动。物流业是一个特殊的行业，它对信息的依赖程度很大。信息流、物流、商流、资金流综合起来才构成真正意义上的物流。因此，信息处理是一项非常重要的工作，必须做到一丝不苟。错误的信息会造成错误的决策，其结果会给企业带来巨大的损失。所以在汇总、分类、筛选、核查、提炼、传输、储存、检索等各个环节中不能有丝毫马虎，必须以高度的责任感和高标准的职业道德来要求自己。

4. 人才竞争与职业道德

竞争归根到底是人才的竞争。人才是社会生产力的开拓者和代表者、是生产力诸多因素中最具有决定性的、最活跃的因素。有了人才优势，才会有经济优势，人才竞争的出路在于人才的培养。大力开展物流从业人才的培养是物流业发展的当务之急。物流人才不仅要具备物流从业所需的基本技能和一定的知识技能，更重要的是物流从业人员应该具有较高的职业道德素养。

5. 服务竞争与职业道德

服务竞争是指通过提供服务形式、增加服务项目、提高服务质量来扩大销售和劳务的活动。物流业的实质是为客户提供深层次的服务，服务范围之广，是其他行业所不能比拟的。因此，服务竞争对物流业来说是最重要的竞争。物流企业在服务竞争中，企业的信誉、职业道德、企业形象等都成为客户考察的依据和标准。因此，物流企业服务竞争道德必须做到：服务是全过程的服务、全方位的服务、满足客户需求的服务，也叫做无差错服务。

6. 广告竞争与职业道德

广告是一种有代价的宣传。广告竞争包括两个方面：一是指企业的产品和服务形象广告；二是指企业形象、员工形象广告。目的是通过媒体展示公司形象，促进商务活动。

在市场竞争中，很多公司都十分注重自己的形象，提高商业信誉等于扩大自己的财富。因而他们在不断提高产品质量的同时，不惜耗费巨资进行广告宣传，培植信誉，使自己的商品在竞争中获胜。广告道德拒绝言过其实的广告，否认“无害的夸张”的观点。因此，许多企业都十分小心地维护自己的声誉，竭力给社会造成实事求是的印象。

物流企业的广告竞争要贯彻诚实无欺的道德原则，应以诚取信于民。客户不信任的心理障碍往往来自言过其实的广告宣传，只有坚持广告的真实性原则，才能取得客户的信赖，真正发挥广告宣传的作用。

7. 公共关系竞争与职业道德

公共关系包含两层含义：一是一个企业或组织同各种公众相处的状况；二是同各种公众相处时所采取的原则、政策、行为或手段。由于其职能是处理与各种公众的关系，所以必然要涉及伦理道德问题。

如何恰当而巧妙地处理好物流企业所面临的各方面的关系，为企业的生存和发展创造一个良好的社会环境，就必须借助于公共关系竞争。公关竞争道德可归纳为：

（1）贯彻信誉至上的伦理原则，树立物流企业的道德形象。

（2）坚持既竞争又合作的公关意识，处理好与竞争对手的相互关系。

（3）坚持内求团结、外求发展的原则，并将其作为企业公共关系的根本目标。

“内求团结”就是要增强企业的凝聚力。它表现在全体职工有较高的集体主义精神、主人翁精神和高度的社会责任感。

“外求发展”就是要处理好企业与政府、客户、新闻媒体以及社会方方面面的关系。企业要尽可能地参加政府、社会团体、慈善机构等方面组织的公益事业活动。

三、质量道德

1. 质量道德的规定

质量道德一般是从群众的现实质量意识水平出发，向全体生产者和消费者提出较高的理想目标。质量道德是要从根本上扭转社会生产部门和服务行业的质量状况，使高质量的产品和服务随时可见、随处可得。

（1）质量是生命

质量道德必须首先树立起质量第一、质量至上的道德理想。其实，“质量是生命”，并不仅仅是质量道德的要求，也是市场经济、市场竞争的必然要求。一个完善的市场经济体制下，在激烈的市场竞争中质量的优者胜、劣者汰是一种自然现象，物流企业的生存取决于它所提供的工作质量和服务质量。

“质量是生命”要求做到：①不能只顾眼前利益，而应以对客户负责为宗旨；②不能欺骗、愚弄、搪塞客户，而是真诚地提高质量；③在与同行的竞争中，不投机取巧，而是切实在改进工作质量、提高服务质量方面下工夫；④要严格制定各项规章制度，防患于未然，避免出现质量事故；⑤要不断地追求卓越，使质量永远处于不断提高的动态之中。

（2）永远按承诺的做

在社会生活中，每个职业集体都对社会及其成员有着不可推卸的责任，具有特定的道德要求，在质量道德上尤其如此。质量道德的最终推行仅仅通过具体员工的劳动是远远不够的，更重要的是要有一个企业、一个部门、一个行业共同认可的职业道德准则，并通过完善的产品和优质服务体现出来。

很多企业都定有“服务公约”“服务守则”，墙上贴有“服务热情周到、交易公平合理”等标语，这都属于承诺的范畴。但是，不少的企业只是把这些公约、守则、标语停留在口号的水平上，引起了客户极大的反感，觉得受到了欺骗和愚弄。

按承诺去做有时意味着损失财力、物力，甚至可能直接失去已经到手的利润。然而，一个有远见的企业家、一个有社会责任感的部门是会放弃眼前的短暂利益，而保证客户的需要。这才能真正体现出道德的力量。

（3）追求零缺陷的满意

在零缺陷产品上体现了一个企业的实力、水平和企业员工的风貌和素质。从服务来说，零缺陷是一个自始至终提供优质服务的过程。与产品的零缺陷相比，服务的零缺陷更多的是靠员工个体创造的。当然，服务的零缺陷也离不开群体的作用，服务的零缺陷实际上也是企业综合素质的自然流露。它体现着企业的一种向上的风气、精神风貌和文化氛围。

零缺陷不等于合格，其标准远远高于合格的标准。实现零缺陷最大的障碍就是积淀在人们心中的侥幸心理和无规矩意识，质量道德就要克服这种侥幸心理，养成遵守规矩的习惯。只有“循规蹈矩”才能有稳定的质量，才能实现零缺陷的目标。

2. 质量道德是建立市场经济秩序的保证

质量道德建设是建立我国社会主义市场经济秩序的重要保证。质量道德丰富和深化了职业道德的具体要求，它将为市场经济秩序的不断完善提供合理的道德依据。

（1）质量道德的载体是产品质量与服务质量

与人民生活密切相关的质量主要是产品质量和服务质量，因此质量道德的主要任务是以实现产品质量和服务质量为目的的。

产品质量是指一个产品与其设计思想相符合的程度，实际上，产品质量与服务质量是交织在一起的。一般表现在四个方面：一是狭义的质量特性，如外观、寿命、包装方式等；二是成本，如单位产品总成本、生产费用等；三是产量；四是产品的服务特性，如售前服务、售中服务、售后服务。

（2）处理好质量与收益的关系

在质量体系中，存在两个相互关联的方面。

1）企业或服务部门的需要和利益。它表现为在经营上以最低成本达到和保持所期望的质量。

2）客户的需要和期望。它表现为得到满意的产品和服务并期望保持着对提供者这种能力的信任。

在二者的关系上，企业或服务部门所提供的质量是内因，客户对它的信任是外因。没有内在质量的优越性，客户的信任就缺乏根基，然而，不是首先赢得客户的信任，质量就不可能落实并化为实际的效益。因此，从质量道德角度研究企业效益必须兼顾客户和企业两方面因素。企业在考虑效益时，是不是有“客户在我心中”的自觉意识；在决定企业去向的根本问题上是否能把客户需要放在首位，并始终抓住这一关键，这将在很大程度上对处理好质量与收益的关系起着重要的影响作用。

（3）质量道德与市场经济秩序

质量道德的主体是各行各业的职业劳动者，他们直接创造了产品质量和服务质量。要培养合乎质量道德的行为习惯，应从改善从业人员的综合素质入手，提高他们对工作、产品、服务的认真、求实态度。具体地说包括如下内容：

1）整体观念，即立足全局，做好本职工作。

2）良好个性，即主动积极，团结协作的团队精神。

3）严细作风，即认真负责、一丝不苟的工作态度。

4）进取精神，即知难而进、开拓创新的思维方式。

5）精通业务，即胜任本职、学有所长的技能。

6）和谐人际，即良好氛围，员工间友好、真诚的关系。

第2章

物流概述

第1节 物流概念

一、物流概念的产生与演变

1. 物流成为“第三利润源”

（1）“第一利润源”——资源领域

人类最初是靠对廉价原材料、燃料的掠夺性开采和利用获得利润，其后是依靠科技进步，减少物质资源消耗、综合利用乃至大量人工合成资源来获得高额利润。这种降低物质资源消耗获得利润的方式以先进的科学技术为条件。因此，通过进一步开发“第一利润源”获得利润的方式，受到了科学技术发展程度的限制。

（2）“第二利润源”——人力领域

人力领域的利润最初是靠廉价劳动，其后是依靠科技进步提高劳动生产率，降低人力消耗，或采用机械化、自动化来降低劳动耗用，从而降低成本，增加利润，形成“第二利润源”。劳动生产率的提高，劳动消耗的降低，也受到科学技术的极大制约。随着生产的机械化、自动化程度不断提高，生产工艺过程日趋程序化、规范化，使“第二利润源”的潜力越来越小，获取利润也越来越困难。

（3）“第三利润源”——物流领域

在前两个利润源潜力越来越小的情况下，物流领域的潜力逐渐被人重视。有关统计表明，在美国，产品的制造成本已不足总成本的10%，产品的加工时间只占总时间的5%，而储存、搬运、运输、销售、包装等物流环节已经占据制造成本和作业时间的绝大部分。物流继降低物质消耗、提高劳动生产率之后，成为使企业获得利润的“第三利润源”。通过物流的合理化降低物流成本，已经成为企业提高竞争力的重要手段。

2. 物流概念的产生

1901 年，格罗威尔在美国政府的《工业委员会关于农场产品配送的报告》中，第一次论述了对农产品配送成本产生影响的各种因素，揭开了人们对物流认识的序幕。

1918 年，英国联合利华公司的利费哈姆勋爵成立了“即时送货股份有限公司”，公司的宗旨是，在全国范围内把商品及时送到批发商、零售商以及用户的手中。

1921 年，美国经济学家阿奇·萧在《市场流通中的若干问题》一书中提出“物流是与创造需求不同的一个问题”，销售过程的物流指的是时间和空间的转移，并提到“物资经过时间或空间的转移，会产生附加价值”。此时的物流指的是销售过程中的物流，是为了配合销售而进行的相关运输与仓储活动，即实体配送。

1935 年，美国销售协会对当时还称为实体配送的物流概念进行了定义“实体配送是指包含于销售之中的物质资料和服务在从生产地点到消费地点流动的过程中，所伴随的种种经济活动。”这个概念是有关物流的最早定义，它将物流看成是销售过程中的一个环节，从属于销售，强调了与产品销售有关的输出物流，没有包括输入物流环节。

上述是物流发展的早期阶段。在这一阶段里，人们从有利于商品销售的愿望出发，探讨如何进行物资的配给和怎样加强对物资分布过程的合理化管理，其核心部分就是物流被看成是市场的延伸。

第二次世界大战后的几十年间，西方经济进入大量生产与销售时期，后勤管理的理念和方法开始被引入工业部门和商业部门，被人们称之为“工业后勤”和“商业后勤”。实体配送的概念也逐渐被物流取代。物流包含生产领域的原材料采购、生产过程中的物料搬运与厂内物流、流通过程中的物流或销售物流。

3. 物流概念演变

在 20 世纪 50 年代到 70 年代，由于人们研究的对象主要是狭义的物流，是与商品销售有关的物流活动，是实物流通过程中的商品实体运动，因此对于物流概念通常采用的是“Physical Distribution”（简称 PD）一词。1963 年，美国物流管理协会对物流管理的定义是“为计划、执行和控制原材料、在制品库存及制成品从起源地到消费地的有效率的流动而进行的两种或多种活动的集成。这些活动包括顾客服务、需求预测、交通、库存控制、物料搬运、订货处理、零件及服务支持、工厂及仓库选址、采购、包装、退货处理、废弃物回收、运输、仓储管理”。

但是实体配送表达的领域较为狭窄，物流的概念更宽广、连贯和整体。军事后勤为部队和战争服务，工业后勤为制造业的生产和经营服务，商业后勤为商业运行和顾客服务，总之，物流的核心理念是服务。基于上述认识，美国物流管理协会对物流定义进行了修订，将 1963 年定义中的“原材料、在制品、制成品”修改为“货物、服务”，这大大拓展了物流的内涵与外延，既包括生产物流，也包括服务物流。1985 年，美国物流管理协会将物流定义为“以满足客户需求为目的，对货物、服务以及相关信息从供应地到消费地的高效率、低成本流动和储存而进行的计划、实施和控制过程。”物品流动也完成了从实体配送向现代物流的转变。

随着市场竞争的加剧和企业运营理念的变化，人们对物流的认识进一步深入。1998 年，美国物流管理协会对物流的最新定义是“物流是供应链流程的一部分，是为了满足客户需求而对货物、服务及相关信息从原产地到消费地的高效率、高效益的正向和反向流动及储存进行的计划、实施与控制过程”。这一新定义不仅把物流纳入了企业间互动协作关系的管理范畴，而且要求企业在更广阔的背景上来考虑自身的物流运作。不仅要考虑自己的客户，而且要考虑自己的供应商；不仅要考虑到客户的客户，而且要考虑到供应商的供应商；不仅要致力于降低某项具体物流作业的成本，而且要考虑使整个供应链运作的总成本最低。该定义反映了随着供应链管理思想的出现，美国物流界对物流的认识更加深入，强调物流是供应链的一部分，并从“反向物流”（也称为“回收物流”或“逆向物流”）角度进一步拓展了物流的内涵与外延，如图 2—1 所示。

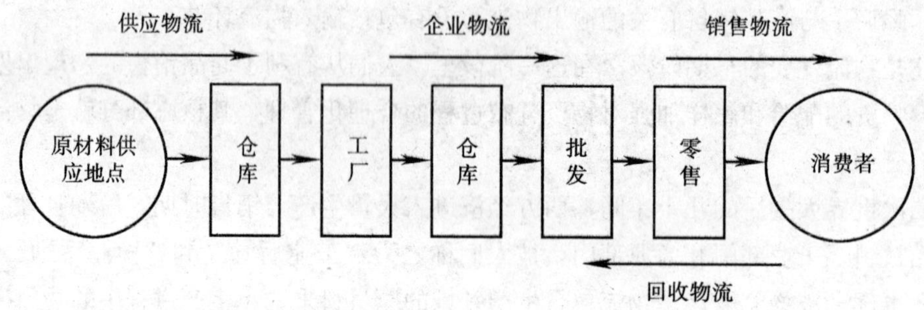

图 2—1　广义物流外延

二、物流概念

1. 物流的基本概念

中华人民共和国国家标准《物流术语》（GB/T 18354—2006）将物流定义为“物品从供应地向接收地的实体流动过程。根据实际需要，将运输、储存、装卸、搬运、包装、流通加工、配送、信息处理等基本功能进行有机结合”。

（1）“物”的概念

物流中的“物”是指一切可以进行物理性位置移动的物质资料和物流服务。物质资料包括物资、物料和货物，物流服务包括货物代理和物流网络服务。

（2）“流”的概念

物流中的“流”是物的实体位移，包括短距离的搬运、长距离的运输和全球物流。

2. 物流的经济价值

（1）时间价值

物从供应者到需要者之间有一段时间差，改变这一时间差创造的价值是时间价值。

时间价值通过物流活动获得的形式有以下 3 种：

1）缩短时间创造价值。物流着重研究的一个课题就是如何采取技术的、管理的、系统的方法来尽量缩短物流的宏观时间和有针对性地缩短微观物流时间，从而取得较高的时间价值。

2）弥补时间差创造价值。经济社会中，需要和供应普遍地存在着时间差，物流以科学的、系统的方法弥补和改变这种时间差，以实现其“时间价值”。

3）延长时间差创造价值。在某些具体物流活动中，存在人为地延长物流时间来创造价值的现象，例如，配合待机销售的物流便是有意识地延长物流时间，增加时间差来创造价值的。

（2）场所价值

物从供应者到需求者之间有一段空间差，改变这一场所的差别创造的价值叫做“场所价值”。物流创造场所价值是由现代社会产业结构、社会分工所决定的，主要原因是供应和需求之间存在空间差。商品在不同地理位置有不同的价值，通过物流将商品由低价值区转到高价值区，便可获得价值差，即场所价值。场所价值有以下 3 种形式：

1）从集中生产场所流入分散需求场所创造价值。

2）从分散生产场所流入集中需求场所创造价值。

3）从甲地生产流入乙地需求创造场所价值。

（3）流通加工附加价值

有时，物流也可以创造流通加工附加价值。加工是生产领域常用的手段，并不是物流的本来职能。但是，现代物流的一个重要特点，是根据自己的优势从事一定的补充性加工活动，也称为流通加工活动。这种加工活动不是创造商品主要实体，形成商品主要功能和使用价值，而是带有完善、补充、增加性质的加工活动，这种活动必然会形成劳动对象的附加价值。

3. 物流的功能要素

物流的功能要素是为了创造时间价值、场所价值和加工附加价值而进行的物流作业活动，包括：

（1）包装

无论是产品还是材料，在搬运输送以前都要加以某种程度的包装，保证物品完好地运送到消费者手中，所以包装被称为生产的终点，同时也是社会物流的起点。

（2）装卸搬运

装卸搬运是指在同一地域范围内进行的、以改变物的存放状态和空间位置为主要内容和目的的活动，包括装上、卸下、移送、拣选、分类、堆垛、入库、出库等环节。装卸搬运是伴随运输和仓储而产生的必要的物流活动，但是和运输产生空间价值、仓储产生时间价值不同，它本身并不产生任何价值。物流的主要环节，如运输和仓储等是靠装卸、搬运活动连接起来的，物流活动其他各个阶段的转换也要通过装卸、搬运连接起来。

（3）运输

运输是对物资进行较长距离的空间移动。物流部门通过运输解决物资在生产地点和需要地点之间的空间距离问题，从而创造商品的空间效益，实现其使用价值，以满足社会需要。运输是物流的中心环节之一，可以说是物流最重要的一个功能。运输在经济上的作用是扩大了经济作用范围和在一定的经济范围内促进物价的平均化。现代化大生产的发展，社会分工越来越细，区域之间的物资交换更加频繁，促进了运输业的发展，产业的发展也同时促进了运输技术的革新和运输水平的提高。反过来说，运输手段的发达也为产业发展创造了便利条件。

（4）仓储

仓储在物流系统中起着缓冲、调节和平衡的作用。仓储的目的是克服产品生产与消费在时间上的差异，使物资产生时间上的效果。它的内容包括储存、管理、保养、维护等活动。产品从生产领域进入消费领域之前，需要在流通领域停留一定时间，这就形成了商品储存。在生产过程中，原材料、燃料、备品备件和半成品也需要在相应的生产环节之间有一定的储备，作为生产环节之间的缓冲，以保证生产的连续进行。

（5）流通加工

在流通过程中辅助性的加工活动称为流通加工。流通与加工的概念本属于不同范畴。加工是改变物质的形状和性质，形成一定产品的活动；而流通则是改变物质的空间状态与时间状态。流通加工的目的是为了弥补生产过程加工不足，更有效地满足用户或本企业的需要，使产需双方更好地衔接。将这些加工活动放在物流过程中完成，而成为物流的一个组成部分。流通加工是生产加工在流通领域中的延伸。

（6）配送

配送是面向城市内、区域内、短距离、多频率的商品送达服务。与运输功能相比，配送又具有自身的基本特点，如配送中心到连锁店、用户等的物品搭配及空间位移均可称为配送。

（7）信息

物流活动进行中必要的信息称为物流信息。所谓信息，是指用符号传送的，能够反映事物内涵的知识、资料（包括文字、图像、数据、语言、声音等）的报道。信息是事物的内容、形式及其发展变化的反映。因此，物流信息和运输、仓储等各个环节都有密切关系，在物流活动中起着神经系统的作用。加强物流信息的研究才能使物流成为一个有机系统，而不是各个孤立的活动，只有及时收集和传输有关信息，才能使物流通畅化、定量化。

三、物流与商流、生产和传统物流的关系

1. 物流与商流的关系

物流系统以满足消费者需求为目标，对制造、运输、销售等活动进行统筹考虑。具体地说，物流涉及原材料供应商、生产制造商、批发商、零售商以及最终消费者，也就是市场流通的全过程。

流通分为商流和物流两类。流通首先是从商流开始，通过生产者与消费者之间商品所有权的转移来实现商品的价值效用，从而将生产与消费有机地联系起来，这种流通活动就是通常的市场买卖活动。商流的交易活动完成后，物流作为将商品有效地从生产者转移到消费者手中的一种职能，创造了流通的场所价值和时间价值。物流在商流发生之后，即所有权的转移达成交易之后，货物必然要根据新货主的需要进行转移，这就导致相应物流活动的出现。商流是物流的先导，物流是商流的物质基础。

商流和物流的活动内容与运动规律并不相同，这是因为商流一般要经过一定的经营环节来进行业务活动，而物流则不受经营环节的限制，它可以根据商品的种类、数量、交货要求、运输条件等，使商品尽可能由产地通过最少环节、以最短的运输路线、按时保质地送到用户手中，以达到降低物流费用、提高经济效益的目的。在合理组织流通活动中，实行商物分离的原则是提高社会经济效益的客观需要，也是企业现代化发展的需要。

随着社会专业化分工的发展，商流和物流有出现分离的趋势，如专业化物流企业的产生就是商物分离的产物。作为商品供应方和需求方之外的外部物流服务提供者，物流企业并不拥有商品的所有权，故与商品的供应方和需求方之间都不存在商流关系。

综上所述，商流与物流的关系可以概括为如下几种情况：

(1) 有商流而无物流，如产权交易。

(2) 有物流而无商流，如企业内部调拨物流。

(3) 有商流和输入物流（指采购过程的物流）而无输出物流（指销售过程的物流），如房地产开发企业和一些服务企业。

(4) 有商流也有物流，但时间上不同步，如商品的信用交易。

(5) 有商流也有物流，但流转路径不同，如第三方物流、电子商务物流。

(6) 商流、物流合一，如商品配送。

2. 物流与生产的关系

在企业的生产过程中，被加工对象每经过一道工序的加工，其形状、尺寸或性质将发生一次变化。加工设备或加工场所的位置一般是固定的，生产过程中原材料的供应、半成品在加工点之间的流转、成品的运出，均依赖物流完成，物流为生产的连续性提供保障。

物流对生产秩序和生产环境也有着决定性的影响。在生产空间中，加工点处于固定位置，只要加工设备能正常运转，就不会对系统产生干扰，而物流在生产空间中始终是处于运

动的状态，物流路线纵横交叉，上下升降，形成了遍布生产空间的立体动态网络。物流路线不合理，运行节奏不协调，都会造成生产秩序的混乱。物流活动不正常，物流系统中物料堆放不规则，也会对生产环境造成影响。通过实施现代化的物流管理，能够使企业生产得以连续顺畅地进行，因此，一个企业的物流状况往往最能体现其管理水平的高低。

不同的生产力水平对物流的要求不同，生产力水平很低的时代，物流只是作为生产加工的附属活动而存在。随着技术的发展，物流活动的水平也在逐步提高，各种物流技术开始应用，各种物流机械（如起重机、运输车辆等）也在不断地改进和发展。20 世纪 50 年代进入了大批量生产时代，加工设备专业化加强，自动化程度较高的流水生产线大量出现，产品数量也急剧上升，生产规模越来越大，对物流系统也提出了更高的要求，物流系统化、现代化被提到日程上，物流技术也得到进一步的发展。当代社会需求的特点是多样化、个性化，生产类型向多品种、小批量方向发展，生产加工设备也从专用加工设备的流水生产线转向由数控机床组成的柔性加工系统，生产中的物流系统为了适应这种变化也趋向柔性化。

3. 物流与储运的关系

储运指物品出厂后的包装、运输、装卸、仓储，各环节分散及单一经营，而物流提出了物流系统化或称总体物流、综合物流管理的概念，并付诸实施。物流将物品流动的各环节系统化、集成化，提供全套一条龙服务；广泛应用信息技术，利用先进的计算机网络进行订单管理、订货管理、仓储管理、货运、送货及客户服务；利用专业知识、技能和人才，对物品储运的功能进行整合、扩展及提升。

四、物流与电子商务的关系

1. 电子商务促进物流的发展

（1）电子商务将改变人们传统的物流观念

电子商务作为一种新兴的商务活动，为物流创造了一个虚拟的运动空间。利用电子商务进行物流活动时，物流的各种职能及功能可以通过虚拟化的方式表现出来。在这种虚拟化的过程中，人们可以通过各种组合方式，寻求物流的合理化，使商品实体在实际的运动过程中，达到效率最高、费用最省、距离最短、时间最少的目的。

（2）电子商务将改变物流的运作方式

通过电子商务可以实现物流网络的实时控制。传统的储运活动在其运作过程中，不管它是以生产为中心，还是以成本或利润为中心，其实质都是以商流为中心，从属于商流活动，因而物流的运动方式是紧紧伴随着商流来运动的。利用电子商务，物流的运作是以信息为中心的，信息不仅决定了物流的运动方向，而且也决定着物流的运作方式。在实际运作过程中，通过网络上的信息传递，可以有效地实现对物流的实施控制，实现物流的合理化。

（3）电子商务将促进物流基础设施的改善和物流技术与管理水平的提高

1）促进物流基础设施的改善。电子商务高效率和全球性的特点，要求物流也必须达到这一目标。而物流要达到这一目标，良好的交通运输网络、通信网络等基础设施则是最基本的保证。

2）促进物流技术的进步。物流技术包括运输技术、仓储技术、装卸技术、包装技术等，物流技术水平的高低是实现物流效率高低的一个重要因素。要建立一个适应电子商务运作的高效率的物流系统，加快提高物流的技术水平则有着重要的作用。

3）促进物流管理水平的提高。物流管理水平的高低直接决定和影响着物流效率的高低，也影响着电子商务高效率优势的实现问题。只有提高物流的管理水平，建立科学合理的管理制度，将科学的管理手段和方法应用于物流管理当中，才能确保物流的畅通进行，实现物流的合理化和高效化，促进电子商务的发展。

2. 物流是电子商务的重要保障

在传统交易过程中，商流都必须伴随相应的物流活动，即按照购方需求将商品实体由供方以适当的方式向购方转移。利用电子商务，消费者只要通过网上点击购物，就可以完成商品所有权的交割，即商流过程。但电子商务的活动并未结束，只有商品和服务真正转移到消费者手中，商务活动才告以终结。在整个电子商务的交易过程中，物流实际上是以商流的后续者和服务者的姿态出现的，没有物流作保证，电子商务给供方和购方带来的便捷则等于零。对于涉足电子商务的生产企业来说，在网上实现商流活动之后，配送的成本过高、速度过慢，没有一个有效的社会物流配送系统对实物的转移提供低成本、适时、适量的转移服务，是其面临的主要问题。

电子商务和物流相辅相成。物流是电子商务的重要组成部分，在原有信息流、商流、资金流的电子化基础上，更应该重视物流的电子化，实现电子商务和物流的对接，大力发展物流，以进一步推广电子商务。

第 2 节 物 流 分 类

一、按物流在社会再生产中的作用分类

1. 宏观物流

宏观物流是指社会再生产总体的物流活动，是从社会再生产总体角度认识和研究的物流活动。这种物流活动的参与者是构成社会总体的大产业、大集团。宏观物流也就是研究社会再生产总体物流，研究产业或集团的物流活动和物流行为。

宏观物流是从总体看物流，而不是从物流的某一个构成环节来看物流。宏观物流研究的主要特点是综合性和全局性。宏观物流主要研究的内容是，物流总体构成，物流与社会的关

系，物流在社会中的地位，物流与经济发展的关系，社会物流系统和国际物流系统的建立和运作等。因此，在我们常提到的物流活动中，社会物流、国民经济物流、国际物流都属于宏观物流。

2. 微观物流

在一个小地域空间范围内发生的具体物流活动属于微观物流，在整个物流活动中，其中一个局部、一个环节的具体物流活动也属于微观物流。微观物流研究的特点是具体性和局部性。因此，消费者、生产企业所从事的实际的、具体的物流活动就属于微观物流。微观物流包括生产物流、供应物流、销售物流、回收物流、废弃物流等。

二、按物流活动空间范围分类

1. 国际物流

国际物流是伴随着国际间经济交往、贸易活动和其他国际交流所发生的物流活动。由于近年来国际间贸易的急剧扩大，国际分工日益明显，以及世界经济逐步走向一体化，国际物流正成为现代物流的研究重点之一。

2. 区域物流

相对于国际物流而言，一个国家范围内的物流，一个城市间的物流，一个经济区域内的物流处于同一法律、规章、制度之下，受相同文化和社会因素影响，处于基本相同的科技水平和装备水平之中，因而，都有其独特的区域特点。

区域物流研究的重点是城市物流。城市经济区域的发展有赖于物流系统的建立和运行。

三、按物流系统性质分类

1. 社会物流

社会物流指超越企业物流，以社会为范畴的物流活动。这种社会性很强的物流是由专门的物流服务供应商承担的。社会物流研究再生产过程中随之发生的物流活动，研究国民经济中的物流活动，研究如何形成服务于社会、面向社会又在社会环境中运行的物流，研究社会中物流体系的结构和运行规律，因此带有综合性和广泛性。

2. 行业物流

行业物流是指同一行业中物流企业的物流活动。同行业中的企业是市场竞争的对手，但在物流领域中常常相互协作，共同促进行业物流系统的合理化。例如，日本的建设机械行业，提出行业物流系统化的具体内容有：各种运输手段的有效利用；建设共同的零部件仓库，实行共同配送；建立新旧设备及零部件的共同流通中心；建立技术中心，共同培训操作和维修人员；统一建设机械的规格等。

3. 企业物流

企业物流是在企业经营范围内由生产或服务活动所形成的物流系统，运用生产要素，为各类用户从事各种后勤保障活动，即流通和服务活动，依法自主经营、自负盈亏、自我发展，并具有独立法人资格的经济实体。如一个制造企业要购进原材料，经过若干道工序的加工、装配，形成产品销售出去，一个物流企业要按照客户要求将货物输送到指定地点。

四、按照物流过程分类

1. 企业供应物流

为生产企业提供原材料、零部件或其他物品时，物品在提供者与需求者之间的实体流动称为供应物流，也就是物资生产者、持有者至使用者之间的物流。对于工厂而言，是指生产活动所需要的原材料、备品备件等物资的采购、供应活动所产生的物流；对于流通领域而言，是指交易活动中，从买方角度出发的交易行为中所发生的物流。

供应物流不仅要实现保证供应的目标，而且还要求以最低成本、最少消耗来组织供应活动。为保证良好的供应物流，必须解决有效的供应网络问题、供应方式问题、零库存问题等。供应物流的严格管理及合理化对于企业的成本有着重要影响。

2. 企业生产物流

生产过程中，原材料、在制品、半成品、产成品等在企业内部的实体流动称为生产物流。生产物流是制造产品的工厂企业所特有的，它和生产流程同步，原材料、半成品等按照工艺流程在各个加工点之间不停顿地移动、流转形成了生产物流。

生产物流合理化对工厂的生产秩序、生产成本有很大影响。如生产物流中断，生产过程也将随之停顿。生产物流均衡稳定，可以保证在制品的顺畅流转，缩短生产周期。在制品库存的压缩，设备负荷均衡化，也都和生产物流的管理与控制有关。

3. 企业销售物流

生产企业、流通企业出售商品时，物品在供方与需方之间的实体流动称为销售物流，也就是物资的生产者或持有者到用户或消费者之间的物流。它对于工厂是指售出产品，而对于流通领域是指交易活动中，从卖方角度出发的交易行为中的物流。

通过销售物流，企业得以回收资金，进行再生产活动。销售物流的效果关系到企业的存在价值是否被社会承认。销售物流的成本在产品及商品的最终价格中占有一定的比例。因此，在市场经济中为了增强企业的竞争力，销售物流的合理化可以收到立竿见影的效果。

4. 企业回收物流

不合格物品的返修、退货以及周转使用的包装容器从需方返回到供方所形成的物品实体流动称为回收物流。在生产及流通活动中有一些资料要回收并加以利用，如作为包装容器的纸箱、塑料筐、酒瓶等，建筑行业的脚手架也属于这一类物资。还有可用杂物的回收分类和再加工，例如，旧报纸、书籍通过回收、分类可以再制成纸浆加以利用，金属废弃物可以回收并重新熔炼成有用的原材料。

5. 企业废弃物物流

废弃物物流是指将经济活动中失去原有使用价值的物品，根据实际需要进行收集、分类、加工、包装、搬运、储存等，并分送到专门处理场所时形成的物品实体流动。

第 3 节 物 流 系 统

一、物流系统概念

物流系统是指按照计划为达成物流目的而设计的相互作用的各要素的统一体。

（1）物流系统是在一定的时间、空间里，由所需要运转的物流产品、包装设备、装卸搬运机械、运输工具、仓储设施、运输道路、流通加工和废弃物回收处理设施等物质、能量、人员和通信网络（情报信息）等所构成的系统。

（2）构成系统的各要素处在动态之中，它们相互作用、相互依赖、相互制约而构成一个统一体。

（3）物流系统是具有包装、装卸、搬运、运送、储存保管、流通加工、废弃物回收处理，以及信息的收集、加工、整理等功能的有机整体。这个有机整体同时处于整个国民经济系统环境之中。

物流系统是由物流各要素组成的，它是要素之间有机联系并使物流总体具有合理化功能的综合体。

二、物流系统构成与作用

1. 物流系统构成

（1）按结构划分

按物流系统的结构划分，企业的物流系统分为作业系统和信息系统。

1）作业系统。作业系统是为了实现物流各项作业功能的效率化，通过各项作业功能的有机结合而增进物流整体效率化的统一体。

作业系统包括运输、保管、搬运、包装、流通加工等活动。一些先进的科技成果正运用于物流作业系统，如磁悬浮列车、自动化立体仓库、机器人、机械手等，它们的应用大大提高了物流作业系统动作的效率。另外，仓库和码头的选址与规划，运输主干路线网络的规划都可以认为是物流作业系统最优化所研究的内容。

2）信息系统。信息系统是将采购、生产、销售等活动有机地联系在一起的系统，它是通过信息的顺畅传递与流动，强化库存管理、订货处理等作业活动效率化的支持系统。信息系统包括物流作业系统中的各项活动下达命令、实时控制和反馈协调等信息活动。这一系统中，广泛采用计算机、网络、全球卫星定位系统、地理信息系统、射频技术、光电技术、条码技术等先进技术。

（2）按组成内容划分

从物流系统的组成内容来看，物流系统的构成包括物流系统的范围、物流系统的构成要素、物流系统的各种关系、系统的层次结构等。物流系统的范围既包括生产过程的物流活动，又包括流通过程中的物流活动。它从生产厂家的材料购进，到生产过程形成可供销售的成品、半成品，并将其运送至成品库，再到包装后分类送达到各流通中心，最后运送给消费者用于生产消费或生活消费。物流系统的范围横跨生产、流通和消费三大领域。

2. 物流系统作用

物流系统是以实现空间的经济效益为目的，其基本功能是输入、传送、储存、搬运、装卸、包装、物流情报、流通加工等环节所消耗的劳务、设备、材料等资源，经过处理转化，变成全系统的输出，即物流服务。物流系统整体优化的目的就是要使输入最少（即物流成本最低，消耗的资源最少），输出的物流服务效果最佳。因此，物流系统的基本作用就是按照市场的需要以保证商品供应。

物流系统按市场需求来保证供应，可以归纳为以下几点：

（1）在商品要求的交货期内准确地向顾客配送。

（2）对顾客的订货要尽量满足，不能使商品脱销。

（3）适当地配置仓库、配送中心，维持商品的适当库存量。使运输、装卸、保管等作业合理化。

（4）维持适当的物流费用。

（5）使从订货到发货的信息流畅通无阻。

（6）把市场营销信息迅速地反馈给采购、生产和营业部门。

三、物流系统要素

物流系统的要素包括物流系统的一般要素、物流系统的功能要素、物流系统的物质基础要素和物流系统的支持要素。

1. 物流系统的一般要素

物流系统的一般要素也就是物流系统的基本要素。它是由人、财、物构成的，包括劳动力要素、资金要素、物的要素。其中劳动力要素是核心要素，或称第一要素；资金要素是指实现物流交换的过程，事实上也是资金流动的过程，同时物流系统的建设也需要大量的资金投入。物的要素既包括物流系统的劳动对象，还包括劳动工具、劳动手段和各种消耗材料。

2. 物流系统的功能要素

物流系统的功能要素是指物流系统所具有的基本能力，这些能力的有效组合与连接，形成了物流的总功能，合理、有效地实现物流系统的总目的。

物流系统包括包装、装卸、搬运、储存、运输、流通加工、配送和信息控制等功能。

3. 物流系统的物质基础要素

物流系统的建立和运行，需要大量技术装备手段，这些手段的有机联系对物流系统的运行有着决定性意义，这就是物流系统的物质基础要素。这些要素主要有物流设施、物流装备、物流工具、信息技术及网络组织与网络管理等，如图 2—2 所示。

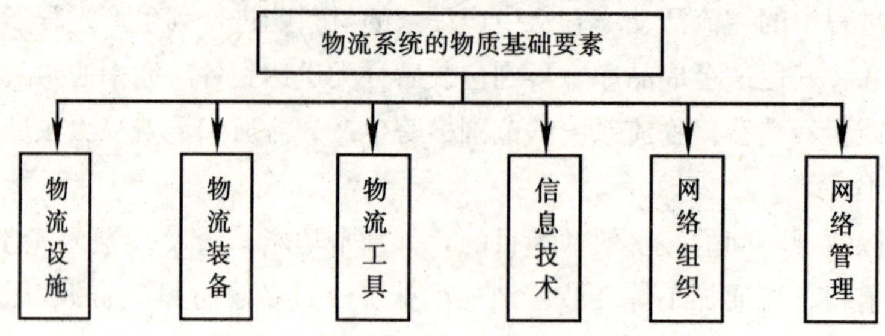

图 2—2 物流系统的物质基础要素

4. 物流系统的支持要素

支持要素主要包括体制制度、法律法规、行政命令和标准化系统。支持要素之所以重要，是因为在复杂的社会经济系统中，要确定物流系统的地位，要协调与其他系统的关系，就需要许多支撑，如图 2—3 所示。

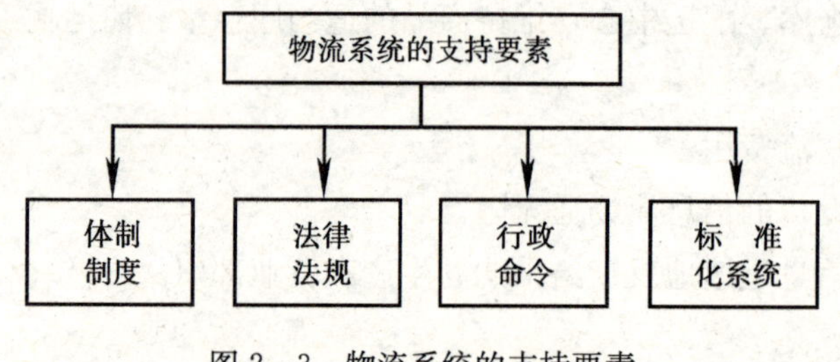

图 2—3 物流系统的支持要素

第 4 节 物流管理概念

一、现代物流管理目标

现代物流管理，从宏观上来讲是要在社会主义市场经济体制下，运用管理的基本原理和方法，以物流系统为研究对象，研究现代物流活动中的技术问题和经济问题，以实现物流系统的最佳经济效益，不断促进物流业的发展，更好地为社会主义现代化和提高人民生活水平服务。从微观上来说，现代物流管理就是运用计划、组织、控制三大管理职能，借助现代物流理念和现代物流技术，通过运输、搬运、存储、保管、包装、装卸、流通加工和物流信息处理等物流基本活动，对物流系统各要素进行有效组织和优化配置，来解决物流系统中供需之间存在的时间、空间、数量、品种、价格等方面的矛盾，为物流系统的各类客户提供满足要求的物流服务。现代物流管理追求的目标为服务目标、快捷目标、节约目标、规模优化目标、库存控制目标、安全性目标。

1. 服务目标

物流系统是连接生产和消费的纽带和桥梁，因此要有很强的服务性。物流系统采取送货、派送等形式，在为用户服务方面要求做到无缺货、无货损、无货差，且费用便宜；在技术方面，近年来出现了准时供货方式、柔性供货方式等。作为物流系统服务目标的衡量标准，可以列举如下：

（1）用户的订货能很快地进行配送。

（2）受用户订货时商品的在库率高。

（3）在运送中交通事故、货物损伤、丢失和发送错误少。

（4）储存中变质、丢失、破损现象少。

（5）具有能很好地实现运送、保管功能的包装。

（6）装卸、搬运功能能满足运送和保管的要求。

（7）能提供保障物流活动流畅进行的物流信息系统，能够及时反馈信息。

（8）合理的流通加工，以保证生产费、物流费之和最少。

2. 快捷目标

要求把货物按照用户指定的地点和时间迅速及时地送到，这不但是服务性的延伸，也是流通对物流提出的要求。快速、及时既是一个传统目标，更是一个现代目标，随着社会大生产的发展，这一要求更加强烈了。在物流领域采取的诸如直达物流、联合一贯运输、高速公路等管理和技术，以及把物流设施建在供给地区附近，或者利用有效的运输工具和合理的配送计划等手段，都是快捷目标的体现。

3. 节约目标

节约目标指有效地利用面积和空间的目标。节约是经济领域取得效益的重要途径，虽然我国土地费用比较低，但也在不断上涨，特别是对城市市区面积的有效利用必须加以充分考虑，逐步发展立体化设施和有关物流机械，求得空间的有效利用。另外，在流通领域中，除了节约流通时间外，由于流通过程消耗大而又基本上不增加商品的价值，所以通过节约来降低支出，是提高相对产出的重要手段。

4. 规模优化目标

生产领域的规模生产是早已为社会所承认的。以物流规模作为物流系统的目标，也可以追求规模效益。在物流系统中，考虑物流设施集中与分散是否适当，机械化和自动化程度如何合理利用，信息系统的集中化所要求的计算机等设备的利用等，都是规模优化这一目标的体现。

5. 库存控制目标

库存过多则需要更多的保管场所，而且会产生库存资金的积压，造成浪费。因此，必须按照生产与流通的需求变化对库存进行控制，这也是宏观调控的需要，它直接涉及物流系统本身的效益。在物流系统中，正确确定库存管理方式、库存数量、库存结构、库存分布就是这一目标的体现。

6. 安全性目标

物流系统的各环节都应坚持“安全第一，预防为主”的方针，以避免货运事故给企业和客户带来损失。

二、现代物流管理范围

1. 现代物流管理的层次

从企业经营的角度讲，物流管理是以企业的物流活动为对象，以最低的成本向用户提供满意的物流服务，对物流活动进行的计划、组织、协调和控制。根据企业物流活动的特点，企业物流管理可以从三个层次展开：

（1）物流战略管理

企业物流战略管理是指站在企业长远发展的立场上，就企业物流的发展目标、物流在企业经营中的战略定位、物流服务水准以及物流服务内容等问题作出整体规划。

（2）物流系统设计与运营管理

企业物流战略确定以后，为了实施战略，必须要有一套得力的实施手段或工具，即物流运作系统。作为物流战略制定后的下一个实施阶段，物流管理的任务是设计物流系统和物流能力，对物流系统运营进行监控，并根据需要调整系统。

（3）物流作业管理

根据业务需求，制订物流作业计划，按照计划要求对物流作业活动进行现场监督和指导，并对物流作业的质量进行监控。

2. 现代物流管理的内容

现代物流管理的主要内容包括：

（1）物流基本活动管理

它包括运输管理、搬运管理、存储管理、保管管理、包装管理、装卸管理、流通加工管理和物流信息管理等。

（2）物流基本职能管理

它包括物流战略管理、物流计划管理、物流组织管理、物流运行监控等。

（3）物流基本要素管理

它包括人力资源管理、物流技术管理、物流设施管理、物流成本管理等。

三、现代物流管理的特征

随着现代物流的发展，现代物流管理表现出许多特点，这些特点集中表现在如下方面。

1. 系统化

传统上讲，物流一般涉及产品出厂后的包装、运输、装卸、仓储，而现代物流则向两头延伸并加进了新的内涵，使社会物流和企业物流有机地结合在一起。从采购物流开始，经过生产物流再进入销售领域，要经过包装、运输、装卸、仓储、加工配送，最终到达用户手中，最后还有回收物流。可以说，现代物流包含了产品的整个物理性流通过程，即通过统筹协调、合理规划，控制整个商品的流动，以达到效益最大和成本最小，同时满足用户需求不断变化的客观要求。这样，可以适应经济全球化、物流无国界的发展趋势。物流的系统化可以形成一个高效、通畅、可调控的流通体系，可以减少流通环节，节约流通费用，实现科学的物流管理，提高流通的效率和效益。

2. 信息化

电子数据交换技术和国际互联网的应用，使物流质量、效率和效益的提高更多地取决于信息管理技术。物流的信息化是指商品代码和数据库的建立、运输网络合理化、销售网络合理化、物流中心管理电子化、电子商务和物品条码技术的应用等。物流的信息化可实现信息共享，使信息的传递更加方便、快捷、准确，提高整个物流系统的经济效益。现代物流由信息系统的支持，借助于储运和运输等系统的参与，借助各种物流设施，共同完成一个纵横交错的物流网络，物流覆盖面不断扩大，规模经济效益日益显现，社会物流成本不断下降。

3. 网络化

物流网络化的基础也是信息化。这里所说的网络化有两层含义：一是指物流配送系统的计算机通信网络，主要指物流配送中心与供应商、制造商以及下游顾客之间的联系，实现计算机网络化。比如物流配送中心向供应商提出订单这个过程，就可以通过网络来自动实现，物流配送中心通过计算机网络收集下游客户的订货的过程也可以自动完成；二是指组织的网络化，主要包括企业内部组织的网络化和企业之间的网络化。

随着市场竞争的加剧，越来越多的生产企业显现出集中化趋势，采取低成本扩张等方式迅速壮大企业实力。一方面，企业生产规模越来越大，其产品要经过各种通道送达全国乃至国外客户手中，需要网络化的物流企业作为其分销网络的组成部分，帮助其销售和拓展市场；另一方面，竞争导致产品本身成本的压缩空间减小，希望通过物流企业的规模效益和综合服务降低物流的总成本，从而提高市场竞争力。因此，构筑具有网络化和信息化特征的综合物流体系就成为历史发展的必然。

4. 自动化

自动化的基础是信息化，核心是机电一体化。自动化的外在表现是无人化，自动化的效果是省力化。另外，自动化还可以扩大物流作业能力，提高劳动生产率，减少物流作业的差错等。物流自动化的设施非常多，如条码/射频自动识别技术与系统、自动分拣系统、自动存取系统、自动导向车、货物自动跟踪系统等。

5. 智能化

智能化是物流自动化、信息化的一种高层次应用。物流作业过程中大量的运筹和决策，如库存水平的确定、运输（搬运）路径的选择、自动导向车的运行轨迹和作业控制、自动分拣机的运行、物流配送中心经营管理的决策支持等问题都需要借助于智能化专家系统才能解决。物流的智能化已成为新经济时代物流发展的一个新趋势。

6. 柔性化

柔性化本来是为实现以顾客为中心的经营理念而在生产领域提出的，但要真正做到柔性化，即真正能根据消费者需求的变化来灵活调节生产工艺，没有配套的柔性化物流系统是不可能达到目的的。20 世纪 90 年代，国际生产领域纷纷推出柔性制造系统、计算机集成制造系统、敏捷制造、企业资源计划、大量定制化以及供应链管理的概念和技术。这些概念和技术的实质是将生产、流通进行集成，根据需求端的需求组织生产，安排物流活动。因此，柔性化的物流正是适应生产、流通与消费的需求而发展起来的一种新型物流模式。这就要求物流配送中心要根据消费需求多品种、小批量、多批次、短周期的特色，灵活组织和实施物流作业。

7. 标准化

物流的标准化指的是以物流为一个大系统，制定系统内部设施、机械装备、专用工具等各个分系统的技术标准；制定系统内分领域，如包装、装卸、运输等方面的工作标准；以系统为出发点，研究各分系统与分领域中技术标准与工作标准的配合性，按配合性要求统一整个物流系统的标准；研究物流系统与其他相关系统的配合性，进一步谋求物流大系统的标准统一。随着全球经济一体化的不断发展，各个国家都很重视本国物流与国际物流相衔接，在本国物流管理发展初期就力求使本国物流标准与国际物流标准化体系一致。

8. 社会化

随着市场经济的发展，专业化分工越来越细，一个生产企业生产某种产品，除了一些主要部件自己生产外，大多外购。生产企业与零售商所需的原材料、中间产品、最终产品大部分由专门的第三方物流企业提供，以实现少库存或零库存。这种第三方物流企业不仅可以进行集约化物流，在一定半径之内实现合理化物流，从而大量节约物流费用，而且可以节约大量的社会流动资金，实现资金流动的合理化，既提高了经济效益，又提高了社会效益。显然，完善和发展第三方物流是流通社会化的必然趋势。

四、现代物流管理的发展趋势

从未来发展与展望的角度看，流通体系在一个较长的时期内，在保持现有的引导生产消费等机能的基础上，将会灵活对应以下三种趋势，即经济服务化、交易发展的互联网化、经济的可持续化发展。

1. 服务化物流

经济服务化发展必然会对传统的物流形式带来新的挑战，从而使原有的物流形式逐渐被淘汰或逐步向纵深化方向发展。从总体上来看，随着社会经济服务化的发展，未来的物流将会呈现出多样化、全方位化和高度化的发展趋势，这是新世纪物流管理的主题。具体讲，这种趋势将体现为如下几点：

（1）消费者物流机能的扩大

作为消费者，其传统的物流手段大多是徒步或自行车，正因为如此，在通常的商品消费物流中，日用品、食品等商品的物流机能是由消费者自己承担的。除此之外，其他商品，特别是大宗商品，一般是由零售商通过直接配送到消费者指定地点的形式来承担物流机能。但是，随着近几年来经济服务化的发展，某些外部环境发生了巨大的变化，与之相对应消费者的生活时尚有了较大变化，其中最大的变化是小轿车在家庭中的普及使得利用汽车购物逐渐成为当今消费生活的主流。在这种背景下，通过消费者物流机能的提高，零售业与消费者间物流机能的分担呈现多样化的趋势，并且展现出物流机能向替代化发展。其具体的表现形式之一是，随着消费者物流机能的提高，呈现出替代零售业物流机能（如输送、保管等）的倾向，亦即由于利用小轿车购物成为可能，消费者在扩大行动范围的同时，一次购买回家的商品数量增加，甚至以前需要零售商配送到家的家电等大型商品也能实现消费者自行承担物体流动。另外，消费者利用汽车购物也对零售业产生较大的影响，这表现在消费者一次大量购物的实现，使零售店铺的设立出现新的转移。也就是说，一方面如仓储式商店、大型超市等新型的零售业开始大规模发展，另一方面，促成了大型购物中心向郊外发展，这些都对物流管理产生了深远的影响。

（2）零售业物流机能的扩大

在消费者物流机能替代化发展的同时，作为商品销售者的零售商，其物流机能不仅没有被削弱，物流活动的范围反而扩大了。这一点突出反映在食品产业中。从当今发达国家的情况看，在食品产业已经出现按菜单配送商品或将蔬菜配送到家等新型的物流活动。这种宅配活动原来是由当地的饮食店或其他店通过商品的直接销售进行的，而现在却统一纳入到了大型零售商的物流战略中。此外，应当看到这种战略中的物流商品不仅仅是物质产品，而且可以预想还包括大量的服务性产品，诸如，原来无法拿到服务中心进行修理的商品如今可以通过宅配实现修理服务、检查等活动。更值得关注的是，这种物质流、服务流，会向企业传递大量的顾客信息，而且这种反馈不仅是面向销售点，也是向最终的生产点进行反馈。显然，这种反馈对合理控制物流成本、设计管理物流活动具有积极的意义。

（3）提供多样化的物流服务

应当看到，随着近年来社会经济的发展以及消费者生活时尚的改变，在流通各主体形成高度化物流机能的同时，消费者物流机能得到进一步的扩大。从整个社会的角度来看，无论在物流机能的担当上，还是在物流手段上，都存在着各种各样的组合，从而迎来了多样化物流服务的时代，并且各流通主体和消费者可以自由选择各种形式的物流服务，从而增大了物流需求的空间，也提高了物流管理的难度。从另一个方面来讲，作为流通、物流业者，在这种变化的环境中，必须正确把握市场需求，灵活应对各种物流变化，开展新的物流业务，例如“宅急便”就是根据企业行动和消费者行动变化而产生的新型物流活动。总之，在经济服务化发展的时代，各流通主体应以物流革新为契机树立追求市场创造的经营导向。

2. 互联网物流

互联网是连接世界各地计算机网络的全球性网络。随着互联网的迅速普及，利用互联网的电子商务也随之迅速发展。虽然电子数据交换（EDI）作为一种有效的电子商务工具被大型企业集团和许多国家的海运、空运部门采用，但是由于 EDI 是通过专用增值网（VAN）进行通信，成本费用较高，而且不能传输多媒体文件，从而限制了其在更大范围内推广普及。而互联网的迅速发展和普及，不仅为电子商务提供了低成本的通信方式，而且由于互联网拥有庞大且迅速发展的用户群，使得电子商务的规模迅速扩大成为可能。

企业利用互联网进行综合物流活动可以实现以下几个利益：

（1）通过应用互联网加强企业内各个部门之间，企业与供应商、顾客，甚至政府公共部门之间的联系和沟通、相互合作。

（2）通过应用互联网，使供应链成员间的联系更紧密，使企业对消费者需要的把握更加准确和全面，从而推动产品生产的计划安排和最终实现基于顾客订货的生产方式，以减少供应链各环节的库存，并避免出现产品过时或无效的现象。

（3）利用互联网可以大幅度降低交流沟通成本和顾客支持成本。

（4）利用互联网可以扩展市场和进一步开发新销售渠道。

（5）通过互联网的联系和交互作用，推动企业应用基于订货的生产方式，以便加强与顾客的联系，满足不同层次顾客的需要。

互联网电子商务的迅速发展正在改变企业竞争环境，新的竞争者利用互联网更容易进入成熟的市场，消费者通过互联网能直接获得有关产品或服务的信息，并且能直接进行交易活动，这些正在促使企业的商务方式发生改变。21 世纪的全球竞争，需要有效地进行供应链管理，更好地满足不同层次消费者的需要。建立和维持企业的竞争优势，要求企业，积极利用互联网进行物流活动和对物流活动进行管理。通过互联网开展物流活动是企业物流管理的又一次革命，是 21 世纪物流发展的大趋势。

3. 物联网

物联网是新一代信息技术的重要组成部分，其英文名称是“The Internet of things”。由此，顾名思义，“物联网就是物物相连的互联网”。这有两层意思：第一，物联网的核心和基础仍然是互联网，是在互联网基础上的延伸和扩展的网络；第二，其用户端延伸和扩展到了任何物品与物品之间，进行信息交换和通信。物联网通过智能感知、识别技术与普适计算在网络的融合应用，被称为继计算机、互联网之后世界信息产业发展的第三次浪潮。物联网是互联网的应用拓展，物联网不仅是网络，还是业务和应用。因此，应用创新是物联网发展的核心。

（1）物联网分类

1）私有物联网。一般面向单一机构内部提供服务。

2）公有物联网。基于互联网向公众或大型用户群体提供服务。

3）社区物联网。向一个关联的“社区”或机构群体（如一个城市政府下属的各委办局，如公安局、交通局、环保局、城管局等）提供服务。

4）混合物联网。是上述的两种或以上的物联网的组合，但后台有统一运行实体。

5）医学物联网。是将物联网技术应用于医疗、健康管理、老年健康照护等领域。

（2）物联网关键技术

在物联网应用中有三项关键技术：

1）传感器技术。这也是计算机应用中的关键技术，众所周知，到目前为止绝大部分计算机处理的都是数字信号，需要传感器把模拟信号转换成数字信号计算机才能处理。

2）RFID 标签也是一种传感器技术，RFID 技术是融合了无线射频技术和嵌入式技术为一体的综合技术，RFID 在自动识别、物品物流管理方面有着广阔的应用前景。

3）嵌入式系统技术是综合了计算机软硬件、传感器技术、集成电路技术、电子应用技术为一体的复杂技术。经过几十年的演变，以嵌入式系统为特征的智能终端产品随处可见，小到人们身边的 MP3，大到航天航空的卫星系统。嵌入式系统正在改变着人们的生活，推动着工业生产以及国防工业的发展。如果用人体来比喻物联网，传感器相当于人的眼睛、鼻子、皮肤等感官，网络就是神经系统用来传递信息，嵌入式系统则是人的大脑，在接收到信息后要进行分类处理。

（3）应用模式

根据其实质用途可以归结为三种基本应用模式。

1）对象的智能标签。通过二维码，RFID 等技术标识特定的对象，用于区分对象个体，如各种智能卡等。条码标签的基本用途就是用来获得对象的识别信息；此外通过智能标签还可以用于获得对象物品所包含的扩展信息，如智能卡上的余额，二维码中所包含的网址和名称等。

2）环境监控和对象跟踪。利用多种类型的传感器和分布广泛的传感器网络，可以实现对某个对象的实时状态的获取和特定对象行为的监控，如使用分布在市区的各个噪音探头监测噪声污染，通过二氧化碳传感器监控大气中二氧化碳的浓度，通过 GPS 标签跟踪车辆位置，通过交通路口的摄像头捕捉实时交通流程等。

3）对象的智能控制。物联网基于云计算平台和智能网络，可以依据传感器网络用获取的数据进行决策，改变对象的行为进行控制和反馈。例如，根据光线的强弱调整路灯的亮度，根据车辆的流量自动调整红绿灯间隔等。

4. 绿色物流

经济的发展必须建立在维护地球环境的基础上，可持续发展政策也同样适用于物流管理活动，这就要求改变原来经济发展与物流、消费生活与物流的单向作用关系，在抑制物流对环境造成危害的同时，形成一种能促进经济和消费生活健康发展的物流系统，即向绿色物流、循环型物流转变。所谓绿色物流，指为了实现顾客满意，连接绿色需求主体和绿色供给主体，克服空间和时间限制的有效、快速的绿色商品和服务的绿色经济管理活动过程。绿色物流从环境的角度对物流体系进行改进，形成了环境共生型的物流管理系统。

第 5 节　现代物流产业与物流企业

一、现代物流产业构成与性质

1. 现代物流产业的构成

根据我国物流产业的现状，物流产业主要由以下领域构成：

（1）物流基础业

物流基础业主要包括铁路、公路、水运、空运、仓储等部门，这些部门的运力如何合理布局，如何有效连接，是整个物流产业发展的基础。如何整合物流运力资源，合理设置物流设施，发挥整体合力，避免存量资源闲置、增量资源浪费是其重要的设计原则。

（2）物流装备制造业

物流装备制造业是用高新技术改造传统制造业，提高整个物流系统装备现代化水平的重要产业，大体可以划分为集装设备、货运汽车、铁道货车、货船、货运航空器、仓库设备、装卸机具、输送设备、分拣与理货设备、物流工具生产等行业。

（3）物流信息业

物流信息业主要由生产物流系统软件、硬件，提供系统管理服务等的企业组成，通过信息传输与客户、制造商、供应商实现资源共享，对物流各环节进行实时跟踪、有效控制与全程管理。物流信息商品化、数据库化、代码化、物流信息处理电子化和计算机化、物流信息传递标准化、实时化及物流信息存储系列化、规范化等，都是这个物流信息业要着重发展的内容。

2. 现代物流产业的基本性质

（1）物流产业是国民经济的基础产业和支柱产业

物流产业通过输送各种物品，使生产者获得原材料、燃料、零配件，以保证生产过程的正常进行，又将产品运送给不同需要者，使这些需要者的生产、生活得以正常进行。这些互相依赖的存在，是靠物流来维系的，国民经济因此得以成为一个有内在联系的整体。

（2）物流产业是生产性服务业

物流活动是生产活动的组成部分，是生产过程在流通领域的继续，这是物流产业的生产性。物流产业以生产制造、流通、居民消费等产业为服务对象，它本身并不提供物质产品，而是为顾客提供专业化服务。

二、物流企业类型

1. 物流行业主体构成

物流行业的主体主要有交通运输业、储运业、货代业、第三方物流等，其中，第三方物流是社会化分工和现代物流发展的方向。在国外，第三方物流已经是现代物流产业的主体。为推动物流产业的发展，要重点发展第三方物流，用信息化、智能化、服务综合化及个性化塑造先进的物流服务形态，培育具有国际竞争力的市场主体。物流行业主体具体包括：

（1）铁路货运业

铁路货运业包括与铁路运输有关的装卸、储运、搬运等，在物流概念中属于运输范畴的活动。铁道运输业从事的业务有整车运输业务、集装箱运输业务、混载货物运输业务和行李货物运输业务四类。

（2）汽车货运业

在我国，汽车货运业有特殊汽车货运和一般汽车货运两种。特殊货运是专运长、大、重或危险品、特殊物品的货运业，一般汽车货运业主要从事普通货物的长途或区域内货运。汽车货运业在许多领域是附属在其他行业之下的，而不自成行业或不独自核算。

（3）远洋货运业

远洋货运业是指从事海上长途货物运输的海洋运输业，它的业务活动是以船舶运输为中心，包含港湾装卸和运输、保管等。远洋运输是国际物流的一部分。远洋运输业从事的业务内容有船舶运输、船舶租赁和租让、运输代办等。

（4）沿海船运业

沿海船运业主要从事近海沿海的海运。

（5）内河船运业

内河船运业是在内河水道从事船舶货运的行业。

海运、沿海船运及内河船运三种运输形态使用船舶吨位、技术性能、管理方式都有所区别，因而各自形成独立的行业。

（6）航空货运业

航空货运业又可分为航空货运业和航空货运代理业，前者直接受货运委托，后者是中间人行业，受货主委托，代办航空货运。航空货运业的主要业务有国际航空货运、国内航空货运、快运、包机运输等。

（7）集装箱联运业

集装箱联运业专门办理集装箱联运业务，可以代货主委托完成各种运输方式的联合运输，并组织集装箱“门到门”运输、集装箱回运等业务。

（8）仓库业

仓库业是以出租仓库货位或全部仓库，存货为主体的行业，包括代存、代储、自营仓储。

（9）储运业

储运业是以储存为主体的兼有多种职能，包含某些和储存联系密切的运输业。我国储运业有五大类，即军队储运业、物资储运业、粮食储运业、商业储运业及乡镇储运业。

（10）托运业

托运业代办各种小量、零担运输，代办包装。

（11）货代业

货代业是以代办大规模、大批量货物承运代理、报关、运输为主体的行业。

（12）起重装卸业

起重装卸业是以大件、笨重货物装卸、安装及搬运为主体的行业。

（13）快递业

快递业是以承接并组织快运快送服务为主体的行业。

（14）第三方物流业

第三方物流业是以接受委托进行物流全程或物流某些环节，或供应链物流服务的行业。第三方物流业是现代物流领域的新兴行业。

2. 物流企业分类

在物流业务外包基础上形成的物流企业是第三方物流企业和第四方物流企业，这类物流企业以专业优势为客户企业提供从规划到实施的全程物流服务，为客户提供集运输、仓储、配送、信息管理于一体的综合物流解决方案。

（1）第三方物流

第三方物流是与自营物流相对而言的。第三方物流是专业物流企业，面向全社会提供物流服务，按照客户要求进行货物的运输、包装、保管、装卸搬运、流通加工、配送等有偿服务。

第三方物流中的第一方和第二方指的是货物的供方和需方，第三方指的是提供物流服务的一方。第三方物流企业应具有供方和需方都不具备的能力和优势，能做到使供方和需方愿意将自身物流业务外包出去。为此，第三方物流企业具有以下特征：

1）长期合同。第三方物流是一种具有长期合同性质的综合物流服务。第三方物流供应商根据合同条款的规定，而不是根据临时需求或要求，提供多功能甚至全方位的物流服务，最终职能是保证客户物流体系的高效运作和不断优化供应链管理。第三方物流供应商与第三方物流服务购买者之间依靠现代信息技术充分共享彼此之间的信息，双方相互信任，共担风险和共享收益。

2）专业化。第三方物流是一种专业性物流服务的组织单元，它熟悉市场运作，具有专门的物流设施和信息手段，固定的客户关系网络和专业人才。

3）充分信息。第三方物流拥有充分的市场信息、较为广泛的信息网络和现代信息技术。常用于支撑第三方物流的关键技术有实现信息快速交换的 EDI 技术、实现资金快速支付的 EFT 技术、实现信息快速输入的条形码技术和实现网上交易的电子商务技术等。

4）规模化经营。由于可以组织若干客户的共同物流，这对于不能形成规模优势的单独的客户而言，将业务外包给第三方物流，可以通过多个客户所形成的规模来降低成本。

（2）第四方物流

1）第四方物流的概念。第四方物流是供应链的集成者、整合者和管理者，通过对物流资源、物流设施和物流技术的整合，提出物流全过程的方案设计、实施办法和解决途径，形成一体化供应链物流方案，根据方案将所有的物流运作以及管理业务全部外包给第三方物流公司。第三方物流公司参与设计、咨询、提供集成管理方案，参与供应链采购、产品开发、制造、销售策略制定等活动，形成双方一定范围、一定程度的信息共享制度。

2）第四方物流的功能

①供应链管理功能，管理从货主、托运人到用户、顾客的全程活动。

②运输一体化功能，负责管理运输公司、物流公司之间在业务操作上的衔接与协调。

③供应链再造功能，根据货主在供应链战略上的要求，及时改变或调整运营方案与规划，使其保持高效率运作。

3）第四方物流的服务内容

①再造。当商业或生产管理基本流程已不再适应供应链整体效益最大化目标时，重新设计适应经营环境和新技术条件的基本流程。

②转型。改善特定供应链功能，包括业务与营运计划、供应链技术、生产策略、采购策略、产品发展、运输管理、配销管理、存货管理、客户支持等事项。

③执行。构建企业流程再造与系统整合、营运转换的团队。

④实践。第四方物流负责处理多重供应链的流程，范围超过传统的第三方物流运输与仓储管理，包括生产、采购、行政、需求预测、网络管理、配销、运输、供应链信息科技、客

户支持以及存货管理等事项。

4）第四方物流的运作方式

①协同运作模式。这种模式依赖于第四方物流和第三方物流之间的工作联系。第四方物流和第三方物流通过合作对物流系统的解决方案进行规划和整合，包括技术、供应链策略、进入市场的能力和项目管理的专家。

②方案集成商模式。在这种模式中，第四方物流为一个客户运作和管理综合供应链解决方案。第四方物流对本身和第三方物流的资源、能力和技术进行综合管理，借助第三方物流为客户提供全面的、集成的供应链方案。第三方物流通过第四方物流的方案为客户提供服务，第四方物流作为一个枢纽，可以集成多个服务供应商的能力和客户的能力。该方案实现了在客户组织的供应链各组成部分之间的价值传递。

③行业创新者模式。在行业创新者模式中，第四方物流为同一行业的多个客户开发和提供一套促进同步化和合作的供应链解决方案。以整合整个供应链的职能为重点，第四方物流将第三方物流加以集成，向下游的客户提供方案。

（3）第四方物流与第三方物流的区别

1）第三方物流建立在企业物流业务外包的基础上，第四方物流是建立在第三方物流基础上的企业物流规划，集中资源进行物流软件的开发、运营和管理，促进企业运作效率的提高。

2）第四方物流能够提供比第三方物流范围更广的服务，包括进入市场的技术、供应链策略技能、能力以及计划管理专家。

3）第四方物流是物流软件的运营者，第三方物流是物流硬件服务供应商。

第6节　供应链管理

一、供应链的含义

供应链是现代商业关系的虚拟表现。供应链的概念是从扩大的生产概念出发的，它将企业的生产活动进行了前伸和后延。譬如，日本丰田公司的精益协作方式中就将供应商的活动视为生产活动的有机组成部分加以控制和协调，这就是向前延伸。后延是指将生产活动延至产品的销售和服务阶段。因此，供应链就是通过计划、获得、存储、分销、服务等这样一些活动在顾客和供应商之间形成的一种链接，而使组织能满足内、外部顾客的需求。企业从原材料采购开始到将其进行加工直到最终送到顾客手中为止的这一过程被看成是一个环环相扣的链条，而其中的主要活动企业被视为链条上的节点。

供应链分为内部供应链和外部供应链。内部供应链是指企业内部产品生产和流通过程中所涉及的采购部门、生产部门、仓储部门、销售部门等组成的供需网络；而外部供应链则是指涵盖企业的和与企业相关的产品生产和流通过程中所涉及的供应商、生产商、储运商、零售商以及最终消费者组成的供需网络。内部供应链和外部供应链共同组成了企业产品从原材料到成品再到消费者的供应链。可以说，内部供应链是外部供应链的缩小化。例如，对于制造厂商来说，其采购部门就可看作外部供应链中的供应商，它们的区别只在于外部供应链范围大，涉及企业众多，企业间的协调更困难。

二、供应链的结构模型

供应链的网链结构模型如图 2—4 所示。

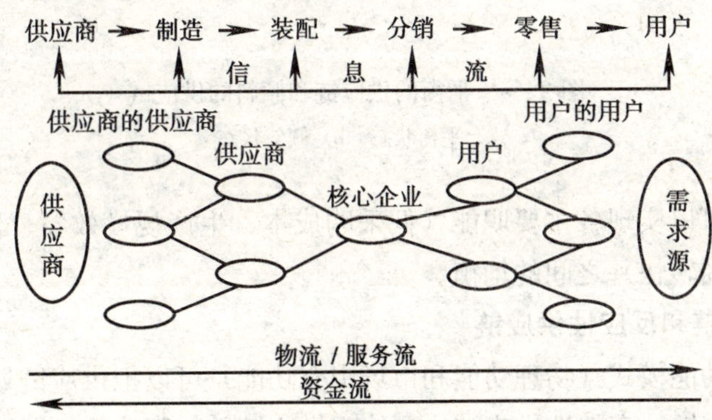

图 2—4　供应链的网链结构模型

从图 2—4 中可以看出，供应链由所有加盟的节点企业组成，其中一般有一个核心企业（可以是产品制造企业，也可以是大型零售企业）。节点企业在需求信息的驱动下，通过供应链的职能分工与合作（生产、分销、零售等），以资金流、物流、服务流为媒介，实现整个供应链的不断增值。

三、供应链的类型

根据不同的划分标准，可以将供应链分为以下几种类型：

1. 稳定的供应链和动态的供应链

根据供应链存在的稳定性，可以将供应链分为稳定的供应链和动态的供应链。基于相对稳定、单一的市场需求而组成的供应链稳定性较强，而基于频繁变化、复杂的需求而组成的供应链动态性较高。在实际管理运作中，需要根据不断变化的需求，相应地改变供应链的组成。

2. 平衡的供应链和倾斜的供应链

根据供应链容量与用户需求的关系则可以划分为平衡的供应链和倾斜的供应链。一个供应链具有一定的、相对稳定的设备容量和生产能力（所有节点企业能力的综合，包括供应商、制造商、储运商、分销商、零售商等），但用户需求处于不断变化的过程中，当供应链的容量能满足用户需求时，供应链处于平衡状态；当市场变化加剧，造成供应链成本增加、库存增加、浪费增加等现象时，企业不是在最优状态下运作，供应链则处于倾斜状态，如图 2—5 所示。

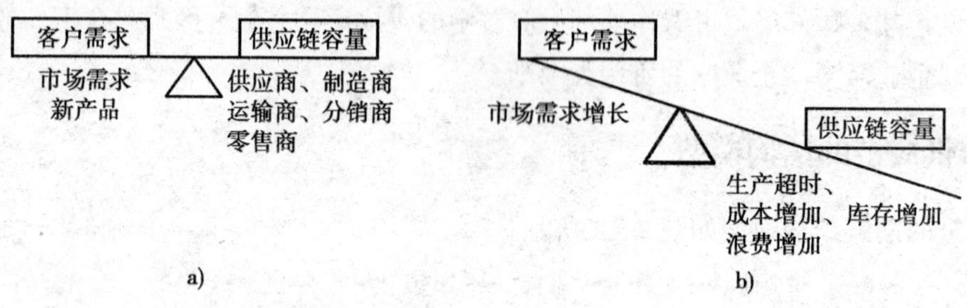

图 2—5 平衡的供应链和倾斜的供应链

a）平衡状态 b）倾斜状态

平衡的供应链可以实现各主要职能（低采购成本、生产规模效益、低分销和储运成本、产品多样化和资金周转快）之间的均衡。

3. 有效性供应链和反应性供应链

根据供应链的功能模式（物理功能和市场中介功能）可以把供应链划分为两种：有效性供应链和反应性供应链。有效性供应链主要体现供应链的物理功能，即以最低的成本将原材料转化成零部件、半成品、成品以及在供应链中的储运等；反应性供应链主要体现供应链的市场中介功能，即把产品分配到满足用户需求的市场，对未预知的需求做出快速反应等。两种类型供应链的比较见表 2—1。

表 2—1　　市场反应性供应链和物理有效性供应链的比较

	市场反应性供应链	物理有效性供应链
基本目标	尽可能快地对不可预测的需求做出反应，使缺货、降价、库存最小化	以最低的成本供应可预测的需求
制造的核心	配置多余的缓冲库存	保持高的平均利用率
库存策略	安排好零部件和成品的缓冲库存	创造高收益而使整个供应链的库存最小化
提前期	大量投资以缩短提前期	尽可能缩短提前期
供应商的标准	速度、质量、柔性	成本、质量
产品设计策略	采用模块化设计，尽可能差异化	绩效最大化、成本最小化

四、供应链的特征

从供应链的结构模型可以看出，供应链是一个网链结构，由围绕核心企业的供应商、供应商的供应商和用户、用户的用户组成。一个企业是一个节点，节点企业和节点企业之间是一种需求与供应关系。供应链主要具有以下特征：

1. 复杂性

供应链节点企业涉及的跨度（层次）不同，供应链往往由多个不同类型甚至多国企业构成，所以供应链结构模式比一般单个企业的结构模式更为复杂。

2. 动态性

为了企业战略和适应市场需求变化的需要，节点企业需要动态地更新，这就使得供应链具有明显的动态性。

3. 面向用户需求

供应链的形成、存在、重构，都是基于一定的市场需求而发生的，并且在供应链的运作过程中，用户的需求变动是供应链中信息流、产品（服务）流、资金流运作的驱动源。

4. 交叉性

节点企业可以是这个供应链的成员，同时又是另一个供应链的成员，众多的供应链形成交叉结构，增加了协调管理的难度。

五、供应链管理的特征

1. 供应链管理的基本特征

（1）供应链管理是对物流的一体化管理

供应链管理实质是通过物流将企业内部各部门及供应链各结点企业联结起来，改变交易双方利益对立的传统观念，在整个供应链范围内建立起共同利益的协作伙伴关系。

（2）以客户为中心

供应链管理以客户满意为最高目标。供应链管理本质上是满足客户需求，它通过降低供应链成本的战略，实现对客户的快速反应，以此提高客户满意度，获取竞争优势。

（3）集成化管理

供应链管理应用网络技术和信息技术，重新组织和安排业务流程，实现集成化管理。离开信息及网络技术的支撑，供应链管理就会丧失应有的价值。可见，信息已经成为供应链管理的核心要素。

（4）跨企业的贸易伙伴之间密切合作、共享利益、共担风险

在供应链管理中，企业之间建立起新型的客户关系，通过与供应链参与各方进行跨部门、跨职能和跨企业的合作，建立共同利益的合作伙伴关系，追求共同的利益，发展企业之间稳定的、良好的、共存共荣的互助合作关系，建立一种双赢关系。

2. 供应链管理与物流管理的区别

（1）供应链管理是一个动态的响应系统

在供应链管理的具体实践中，始终关注对关键过程的管理和测评。高度动态化的市场环

境要求企业管理层能够经常对供应链的运营状况实施规范的监控和评价。

（2）供应链管理的互动特性

从管理的对象来看，物流是以存货资产作为管理对象的，供应链管理则是对存货流动（包括必要的停顿）中的业务过程进行管理，它是对关系的管理，因此具有互动的特征。

（3）供应链管理的协商机制

供应链管理是一个开放的系统，它的一个重要目标就是通过分享需求和当前存货水平的信息，来减少或消除所有供应链成员企业所持有的缓冲库存。供应链管理同样制订计划，但目的是谋求在渠道成员之间的联合和协调、

（4）供应链管理强调组织外部一体化

供应链管理是一个高度互动和复杂的系统工程，需要同步考虑不同层次上相互关联的技术经济问题，权衡成本效益。

（5）供应链管理成为物流的高级形态

供应链管理是从物流的基础上发展起来的。从操作功能的整合到渠道关系的整合，使物流从战术的层次提升到战略高度，所以，供应链管理看起来是一个新概念，但实际上却是物流在逻辑上的延伸。

（6）供应链管理决策的发展

供应链管理决策和物流管理决策都是以成本、时间和绩效为基准点的，但是供应链管理决策在物流管理决策的基础上，增加了关系决策和业务流程整合决策，成为更高形态的决策模式。

（7）供应链管理对共同价值的依赖性

随着供应链管理系统结构复杂性的增加，它将更加依赖信息系统的支持。供应链管理是为了在供应链伙伴间形成一种相互信任、相互依赖、互惠互利和共同发展的价值观和依赖关系而构建的信息化网络平台。

（8）供应链管理是“外源”整合组织

供应链管理是在自己的“核心业务”基础上，通过协作的方式来整合外部资源，以获得最佳的总体运营效益。除了核心业务以外，几乎每件事都可能是“外源的”，即是从公司外部获得的。

六、供应链管理的主要内容

供应链管理的主要内容涉及四个主要领域：供应、生产作业、物流、需求，如图 2—6 所示。

供应链管理是以同步化、集成化生产计划为指导，以 Internet/Intranet 为依托，以各种技术为支持，围绕供应、生产作业、物流（主要指制造过程）、满足需求实施的。供应链管理主要包括计划、合作、控制从供应商到用户的物料和信息。

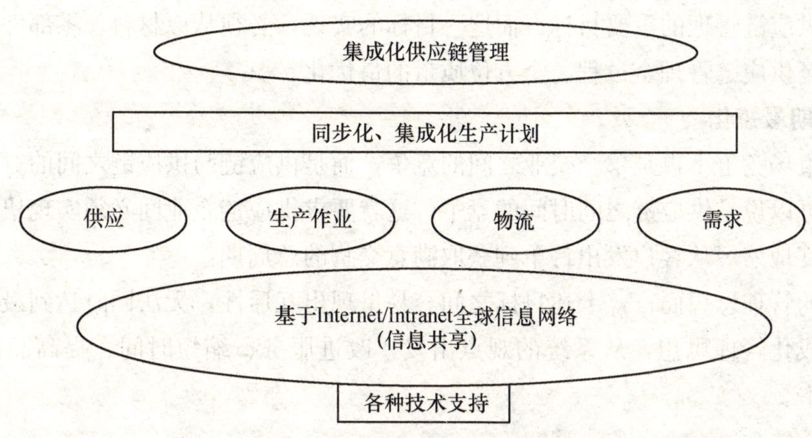

图 2—6　供应链管理的主要内容

以上述四个领域为基础，可以将供应链管理细分为职能领域和辅助领域。职能领域主要包括采购、生产控制、仓储管理、库存控制、分销管理、产品工程、产品技术保证；辅助领域主要包括客户服务、设计工程、制造、人力资源、市场营销、会计核算。

七、供应链管理的目标

供应链管理的目标是通过协调总成本最低化、总库存最少化、客户服务最优化、物流质量最优化及总周期时间最短化等目标之间的冲突，实现供应链绩效最大化。

1. 总成本最低化

采购成本、库存成本、运输成本、制造成本及供应链物流的其他成本费用都是相互联系的。因此，总成本最低化目标并不是指运输费用或库存成本，或其他任何单项活动的成本最小，而是整个供应链运作与管理所有成本的总和最低。所以，为了实现有效的供应链管理，必须将供应链各成员企业作为一个有机整体来考虑，并使实体供应物流、制造装配物流与实体分销物流之间达到高度均衡。

2. 总库存成本最小化

供应链管理目标之一就是要实现“零库存”，即使整个供应链的库存控制在最低的程度状态。所以，总库存最小化目标的达成，有赖于实现对整个供应链的库存水平与库存变化的最优控制，而不只是单个成员企业库存水平的最低。

3. 客户服务最优化

因为企业提供的客户服务水平直接影响到其市场份额、物流总成本，并且最终影响其整体利润。所以供应链管理的实施目标之一，就是通过上下游企业协调一致的运作，保证达到客户满意的服务水平，吸引并保留客户，最终实现企业的价值最大化。

4. 物流质量最优化

供应链企业间服务质量的好坏直接关系到供应链的存亡。因此，达到与保持服务质量的水平，也是供应链管理的重要目标。而这一目标的实现，必须从原材料、零部件供应的零缺陷开始，直至供应链管理全过程、全方位质量的最优化。

5. 总周期最短化

当今的市场竞争不再是单个企业之间的竞争，而是供应链与供应链之间的竞争。从某种意义上，也可以说是供应链之间时间的竞争。这就要求供应链企业间必须实现快速有效的反应，最大限度地缩短从客户发出订单到获取满意交货的总周期。

就传统的管理思想而言，上述目标之间容易呈现出互斥性，无法同时达到最优。这就必须要运用集成化管理思想，从系统的观点出发，改进服务、缩短时间、提高品质与减少库存、降低成本。

八、供应链管理的方法

1. 供应链采购管理

供应链采购，准确地说是一种供应链机制下的采购模式。在供应链机制下，采购不再由采购者操作，而是由供应商操作，称为供应商管理库存（Vendor Managed Inventory，VMI）。供应商管理库存是一种战略贸易伙伴之间的合作性策略，它以系统的、集成的管理思想进行采购与库存管理，使供应链系统能够同步优化运行。

（1）VMI 采购产生背景

1）供应链管理中的“牛鞭效应”。供应链上存在着需求与供给的不确定性，即向供应商订货量的方差会大于向其顾客销售量的方差。并且这种波动会沿着供应链向上游不断地扩大，这种现象称为“牛鞭效应”，如图 2—7 所示。

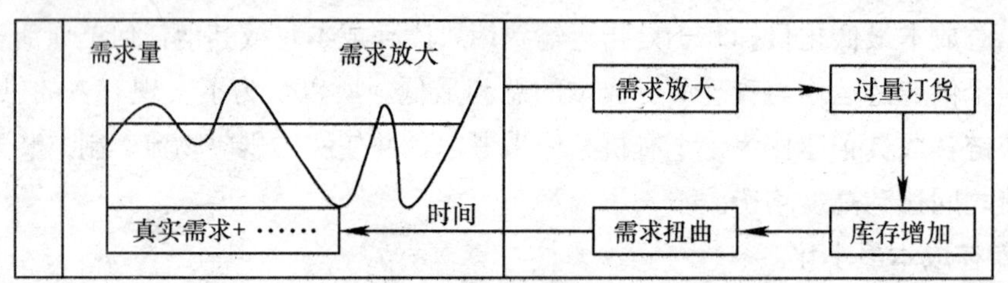

图 2—7　牛鞭效应

利用传统的采购模式会增加供应链体系中的整体库存，给供应链节点企业带来了不必要的成本负担。因此，为了避免需求与供给不确定性造成的“牛鞭效应”，应该改进传统的采购模式，利用信息共享、契约机制和业务集成等策略改善供应链模式下的库存水平，增强供应链体系的竞争力。这就是 VMI 采购诞生的基础与解决目标。

2）供应链管理中“牛鞭效应”的启示。“牛鞭效应”产生的原因归纳起来有四个方面：需求预测修正、订货批量决策、价格波动、短缺博弈。通过上述原因可了解在供应链管理中库存波动的渊源，即供应链中不确定性的存在。而不确定性来自供应商、制造商、分销商和顾客等所有成员，并沿着供应链逐级传播。

显然，在供应链管理环境下，仍采用传统的采购模式已不合适，因为它不可能解决诸如需求放大现象这样一些新的增加库存的问题。因此，人们致力于探讨新的适应供应链管理的采购管理新模式，这对供应链管理思想能否很好实施起着关键作用。所以人们提出了采购模式的新主张：VMI 采购。这种模式也被认为是供应链上的库存管理策略，因为在实践活动中，采购是库存发生的前提，而库存是采购的制约。

（2）VMI 采购的特点

1）VMI 采购是一种基于友好合作的环境进行的。传统采购是一种基于利益互斥、对抗性竞争环境进行的，由于采购环境的根本不同，导致了许多观念上、操作上的不同，从而有了各自的优点和缺点，而 VMI 采购的环境则是供应链采购的一个根本特征，也是它最大的优点。

2）VMI 采购是由供应商管理库存。供应商掌握库存，可以根据需求变动情况，适时地调整生产计划和送货计划，既可以避免盲目生产造成的浪费，也可以避免库存积压、库存过高所造成的浪费以及风险。同时，用户可以实现零库存，大大节省费用、降低成本，专心致志地搞好其核心业务，发挥核心竞争力，提高效率。

3）VMI 采购是由供应商负责连续小批量多频次的送货。采用连续小批量多频次的送货机制，可以大大降低库存，实现零库存。供应商可以根据需求的变化，随时调整生产计划，实现按需生产，从而节省了原材料费用和加工费用。同时，由于紧紧跟踪市场需求的变化，所以能够灵活适应市场变化，避免库存风险。

4）VMI 采购活动中双方是一种战略联盟的合作关系。在 VMI 采购中，供需双方是一种友好合作的战略伙伴关系，互相协调、互相配合、互相支持，有利于各个方面工作的顺利开展，提高工作效率、实现双赢。

5）VMI 采购在货检方面是在进行采购的同时对物资进行检验。在 VMI 采购中，由于采购方也参与到供应方的生产过程，由于供应方自己责任和利润相连，所以会自我约束，保证质量，可以免检，从而大大节约了费用，降低了成本，保证了质量。

6）VMI 采购过程实现了企业之间信息共享。在 VMI 采购过程中，供应商能随时掌握用户的需求信息，掌握企业需求变化的情况，能够根据企业需求和需求变化情况，主动调整自己的生产计划和送货计划。供应链中各个企业可以通过计算机网络进行信息沟通。信息共享首先要求每个企业内部的业务数据要信息化、电子化。因此 VMI 采购的基础就是要实现企业的信息化、企业间的信息共享，构建起企业管理信息系统。

（3）VMI 采购的实施方法

1）建立顾客情报信息系统。要有效地管理采购与销售库存，供应商必须能够获得顾客的有关信息。通过建立顾客的信息库，供应商能够掌握需求变化的有关情况，把由分销商进行的需求预测与分析功能集成到供应商的系统中来。

2）建立销售网络管理系统。供应商要很好地管理采购与库存，必须建立起完善的销售网络管理系统，保证自己产品需求信息和物流的畅通。为此，必须要保证自己产品条码的可读性和唯一性，解决产品分类和编码的标准化问题，解决商品存储运输过程中的识别问题。

3）建立供应商与销售商的合作框架协议。供应商和销售商一起通过协商，确定处理订单的业务流程以及控制库存的有关参数（如再订货点、最低库存水平等）、库存信息的传递方式等。

4）组织机构的变革。VMI 采购策略改变了供应商的组织模式，在订货部门产生了一个新的职能，负责用户库存的控制、库存补给和服务水平。

2. 联合库存管理

（1）联合库存管理的基本思想

在传统的供应链活动过程模型中，其过程是从供应商、制造商到分销商，各个供应链节点企业都有自己的库存。供应商作为独立的企业，其库存为独立需求库存。制造商的材料、半成品库存为相关需求库存，而产品库存为独立需求库存。分销商为了应付顾客需求的不确定性也需要库存，其库存也为独立需求库存。其结果出现库存浪费的现象，增大了整个供应链的库存成本，并减弱了整个供应链的竞争力。

为了解决上述库存成本过大问题，出现了联合库存管理的思想。联合库存管理是解决供应链系统中由于各节点企业的相互独立库存运作模式导致的需求放大现象，提高供应链的同步化程度的一种有效方法。联合库存管理强调供应链中各个节点同时参与，共同制订库存计划，使供应链过程中的每个库存管理者都从相互之间的协调性考虑，保持供应链各个节点之间的库存管理者对需求的预期保持一致，从而消除了需求变异放大现象。任何相邻节点需求的确定都是供需双方协调的结果，库存管理不再是各自为政的独立运作过程，而是供需连接的纽带和协调中心。

（2）联合库存管理的优点

1）为实现供应链的同步化运作提供了条件和保证。

2）减少了供应链中需求扭曲现象，降低了库存的不确定性，提高了供应链的稳定性。

3）减少了各个供应商重复建设仓库的成本支出，有利于集约化的库存管理。

4）库存作为供需双方信息交流和协调的纽带，可以暴露供应链管理中的缺陷，为改进供应链管理水平提供依据。

（3）联合库存管理的实施策略

1）建立供应链协调管理机制。为了发挥联合库存管理的作用，供应链各方应从合作的精神出发，建立供应链协调管理的机制，建立合作沟通的渠道。明确各自的目标和责任，为联合库存管理提供有效的机制。没有一个协调的管理机制，就不可能进行有效的联合库存管理。建立供应链协调管理机制要从以下几个方面着手：①建立供应链共同愿景；②建立联合库存的协调控制方法；③建立利益的分配、激励机制。

2）建立信息沟通渠道。为了提高整个供应链需求信息的一致性和稳定性，减少由于多重预测导致的需求信息扭曲，应增加供应链各方对需求信息获得的及时性和透明性。整个供应链通过构建库存管理网络系统，使所有的供应链信息与供应商的管理信息同步，提高供应链各方的协作效率，降低成本，提高质量。为此应建立一种信息沟通的渠道或系统，以保证需求信息在供应链中的畅通和准确性。

3）发挥第三方物流系统的作用。实现联合库存可借助第三方物流具体实施。把库存管理部分功能代理给第三方物流公司，使企业更加集中于自己的核心业务，增加了供应链的敏捷性和协调性，提高了服务水平和运作效率。

3. 连续库存补充

连续库存补充计划也称自动补货模式，简称 CRP，是利用及时准确的销售时点信息确定已销售的商品数量，根据零售商或批发商的库存信息和预先规定的库存补充程序确定发货补充数量和配送时间的计划方法。

CRP 的决策由客户（存货所在地）负责，也即存货的决策权及所有权与存货的物理位置一致。应该说，仅从决策主体的角度来看，CRP 与传统的推式库存补货模式并没有什么不同，但 CRP 是基于事实上的需求数据即时补货的，而推式补货是基于预测需求数据超前补货的。

自动补货模式主要适合没有 IT 系统或基础设施来有效管理其库存的下游企业以及实力雄厚、市场信息量大、有较高的直接存储交货水平的上游厂商。

4. 分销资源计划

分销资源计划（Distribution Resource Planning，DRP）是管理企业的分销网络的系统，目的是使企业具有对订单和供货具有快速反应和持续补充库存的能力。

通过互联网将供应商与经销商有机地联系在一起，DRP 为企业的业务经营及与贸易伙伴的合作提供了一种全新的模式。供应商和经销商之间可以实时地提交订单、查询产品供应和库存状况，并获得市场、销售信息及客户支持，实现了供应商与经销商之间端到端的供应链管理，有效地缩短了供销链。

新的模式借助互联网的延伸性及便利性，使商务过程不再受时间、地点和人员的限制，企业的工作效率和业务范围都得到了有效提高。企业也可以在兼容互联网时代现有业务模式和现有基础设施的情况下，迅速构建 B2B 电子商务的平台，扩展现有业务和销售能力，实现零风险库存，大大降低分销成本，提高周转效率，确保获得领先一步的竞争优势。

5. 快速反应

快速反应（Quick Response，QR）是供应链管理的主要方法之一，它并不单纯是某种技术，而是一种全新的业务方式，是一种由技术支持的业务管理思想，即在供应链中，为了实现共同的目标，至少在两个环节之间进行紧密合作，这种合作的实施降低了成本，提高了企业的效益与核心竞争力。

（1）快速反应的含义

快速反应是美国纺织服装业发展起来的一种供应链管理方法。它是美国零售商、服装制造商以及纺织品供应商开发的整体业务概念，目的是减少原材料到销售点的时间和整个供应链上的库存，最大限度地提高供应链管理的运作效率。

QR是指在供应链中，为了实现共同的目标，零售商和制造商建立战略伙伴关系，利用EDI等信息技术，进行销售时点的信息交换以及订货补充等其他经营信息的交换，以及订货补充等其他经营信息的交换。

（2）实施QR成功的条件

1）改变传统的经营方式、经营意识和组织结构

①企业不能局限于依靠本企业独自的力量来提高经营效率的传统经营意识，要树立通过与供应链各方建立合作伙伴关系，努力利用各方资源来提高经营效率的现代经营意识。

②在垂直型QR系统内部，通过POS数据等销售信息和成本信息的相互公开和交换，来提高各个企业的经营效率。

③必须改变传统的事务作业方式，通过利用信息技术实现事务作业的无纸化和自动化。

④零售商在垂直型QR系统中起主导作用，零售店铺是垂直型QR系统的起始点。

⑤明确垂直型QR系统内各个企业之间的分工协作范围和形式，消除重复作业，建立有效的分工协作框架。

2）与供应链各方建立战略伙伴关系。首先要积极寻找和发现战略合作伙伴，其次在合作伙伴之间建立分工和协作关系。合作的目标定为削减库存，避免缺货现象的发生，降低商品风险，避免大幅度降价现象发生，以及减少作业人员和简化事务性作业等。

3）改变传统的对企业商业信息保密的做法。要与合作伙伴之间交流和共享信息，并在此基础上，要求各方在一起发现问题、分析问题和解决问题。

4）缩短生产周期和降低商品库存。缩短商品的生产周期，降低零售商的库存水平，提高顾客服务水平，在商品实际需要将要发生时，采用JIT方式组织生产，减少供应商自身的库存水平。

5）开发和应用现代信息处理技术。现代信息技术主要有条码技术、POS系统、电子订货系统（EOS）、EDI技术、供应商管理库存（VMI）、电子资金转账（EFT）和连续补货（CRP）等。

（3）QR的发展

随着技术的发展，QR的策略以及技术今非昔比。最初，供应链上的每一个业务实体都单独发挥作用。但是随着市场竞争的加剧，业主及经营者逐渐开始考虑评估和重构其经营的方式，从而导致了对供应链和信息流的重组活动。在20世纪80年代，人们优化供应链的聚集点是技术解决方案，现在已转变为重组经营方式及与贸易伙伴的密切合作方面。

目前，欧美QR的发展已跨入第三个阶段，即联合计划、预测与补货（简称CPFR）阶

段。CPFR 是一种建立在贸易伙伴之间密切合作和标准业务流程基础上的经营理念。

CPFR 研究的重点是供应商、制造商、批发商、承运商及零售商之间协调一致的伙伴关系，以保证供应链整体计划、目标和策略的先进性。通过实施 CPFR 可以达到如下目标：

1）减少新产品开发的前导时间。

2）通过供应商与零售商的联合从而保证 24 小时供货，这样可补货产品的缺货将大大减少，甚至消灭。

3）提高库存周转率。

4）通过敏捷制造技术，企业的产品中可以有 20％～30％是根据用户的特定需求而制造的。

QR 策略在过去的 10 年中取得了巨大的成功。QR 策略作为一种全新的供应链管理理念，使供应商和零售商能为客户提供更好的服务，同时也减少了整个供应链上的非增值成本。随着时代的发展，QR 必将向更高的阶段发展，必将为供应链上的贸易伙伴——供应商、分销商、零售商和最终客户带来更大的价值。

第3章 物流运行系统

第1节 物流一体化

一、传统物料管理与效益背反

1. 传统制造企业与销售企业的物流管理

在物流管理的初级阶段，物流被作为制造型企业的物料处理过程以及销售型企业的送货过程来对待，被看做是制造和销售的附属活动。在这一阶段，还没有独立的物流业务部门，物流活动只是生产制造和销售过程的一部分，相应的物流管理也是各自独立运作的原材料供应管理、库存管理和制成品运输管理。这些功能各自独立运行，分别向各自的上级主管负责。

尽管初期的物流活动单个功能运行有效，但是缺乏整体程序控制，不能保证功能之间的协调和一致性。当发生功能业务模块矛盾时，更高级的主管只能采取简单的调和处理方式。企业不同物流功能相互制约，功能效益可能局部抵消，形成物流系统内部的效益背反。

2. 传统储运企业的物流管理

储运企业是为原材料、产成品供应以及进、出口企业服务的，其主要运作功能是仓储和运输。储运企业不同于制造企业和销售企业，它的仓储和运输是公共型的。传统储运企业将储运管理作为运营的核心，很少考虑物流其他功能要素的作用，如包装、装卸搬运、流通加工以及近距离的配送。储运型企业的储运能力由市场不断变化的需求价格来约束，当市场需求高时，拼命投资，扩大储运能力；当市场需求低迷时，储运能力闲置。

储运型企业单纯追求储运能力管理是物流外部功能效益背反的表现。它们分割了储运企业之间的功能整合，使经营内容相近的储运型企业产生恶性竞争，走上削价战。

在传统经济时代，物流管理使物流总支出占国民总收入的比例过高。1980 年，美国物流总成本占当年国民总收入的 16%。从 1980—1995 年的 16 年间，物流管理发生了巨大变化，美国学者将其称为物流的复兴时期。到 1996 年，美国物流总成本降至国民总收入的 10%。

二、现代物流管理与物流一体化

现代物流管理产生于 20 世纪 70 年代后期全球的经济变化，这些变化是：

1. 制造业结构变化

传统的制造业集产销一体，现代制造业使市场营销与生产加工分离。大型制造业厂商将自己的核心资源集中于制造市场，通过技术创新与营销激发消费者的欲望，从而制造需求。

在市场开发基本确定后，制造商将生产加工的订单下达给加工合同商，由后者专营生产加工，OEM 就是在这种背景下产生的。制造商承担了市场开发与销售，以及原材料供应的全部外在风险。在美国，标准服装产品是由制造商向加工合同商供应各种服装裁片，由设在西岸与东岸的专业配送中心集中配送，加工合同商履行缝制成型的加工制作。其他国家大多数制造业也采取类似的制造商与加工合同商分离的模式。在中国，东莞是全球计算机周边产品的最大生产基地，采取同样的制造商与加工合同商分离方式制造产品。苏州工业园区以及深圳的制造园区也是采用这种分离方式。

制造商与加工合同商分离推动了原料、半成品、产成品物流市场的发展。

2. 全球经济一体化

从 20 世纪 70 年代开始，世界贸易迅速扩大，寻求低成本以增加竞争力的跨国公司到发展中国家投资制造业，产品返回发达国家，由此使国际商品交易巨量化，推动全球物流在短时间内以极高的增长比例发展。中国的对外贸易成为中国经济增长的核心产业部门，也是这种全球物品流动巨量化的结果。

3. 信息处理商业化

没有商业化计算机终端和大规模数据集成设施，今天快速的物流反应，高度集中的物流信息管理是不可能的。

现代物流管理的结果导致企业内部物流功能重新定位，形成物流一体化，以及企业外部的供应链一体化的物流管理。

三、一体化物流功能运作

1. 物流一体化概念

物流一体化是将系统科学的方法应用到物流领域，以信息控制为手段，在物流系统输入端为供应商提供低成本的服务，在输出端为顾客提供快速优质、低货损率的服务。在系统内部转换过程中，将传统的垂直功能管理整合为横向的功能平衡管理，以一定成本取得物流系统整体的最大效益。物流一体化横向关系如图3—1所示。

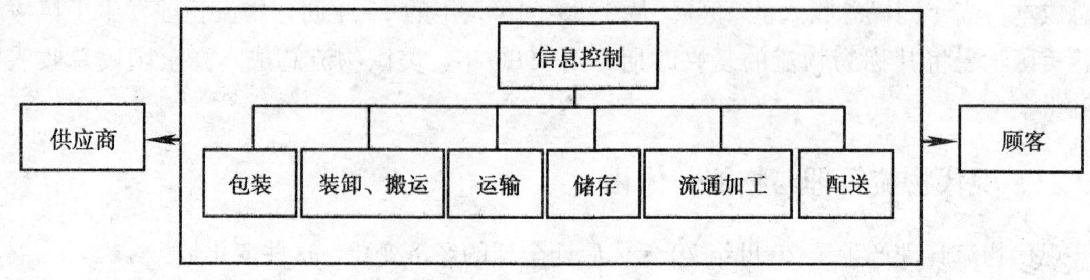

图3—1　物流一体化横向关系

2. 物流功能要素的经济性分析

一体化的物流功能定位，首要考虑的是整个系统的低成本与快速的物流运行，然后是具体功能的特定作用与成本的平衡。

（1）包装

包装是在物流过程中为保护物品、便利销售，采用包装技术和包装操作对物品进行封装并配以相应包装标识的作业。

1）包装的作用。包装的四大作用是：保护物品、方便物流作业、促进销售、便于物品识别。保护物品是包装的首要功能。根据包装的作用，将包装分为物流包装（也称工业包装或运输包装）和商业包装两类。物流包装是为保护物品在物流作业中不受损坏的包装，商业包装是为了吸引消费者和方便携带的外观包装，目的是促进物品的销售。在外包装上打印或张贴物品及运输的有关信息，以便在物流作业和消费过程中识别、跟踪物品，以及在装卸搬运时正确对待物品。物品识别包装同时具有物流包装与商业包装的作用。

2）包装模数化。物流的最重要经济性指标之一是物流设施与设备的空间利用率。货车、轮船、火车及仓储设施的空间利用率决定了物流作业的经济效率，以集装箱为中心将物流模数系列化后，可以使物流装备的空间利用率大大提高。物流模数系列化如图3—2所示，单位为mm。

3）物流一体化对包装功能的要求。传统产业观念将包装定为独立的产业部门，认为包装的产出（占国民总收入比例）比投入（占社会总成本的比例）高。在这种观念指导下，包装追求低成本，采用低值包装材料，简化包装技术，可能导致包装作业单独功能的高效益。与此同时，低密度包装可能使物品在物流过程的货损率高，这是一个典型的效益背反。因此，应将包装功能纳入物流一体化重新定位。包装对物流的必要性，大于对生产制造的必要性。包装有时投入低，产出高，如化妆品、高级衣饰、玩具等销售包装。但是，在物流质量和有利物流作业的要求下，相当比例的物流包装不能以包装本身的成本作为核算的基础，必须以物流整体的成本与效益为根据。在买方市场状态下，包装甚至不能考虑自己的投入产出

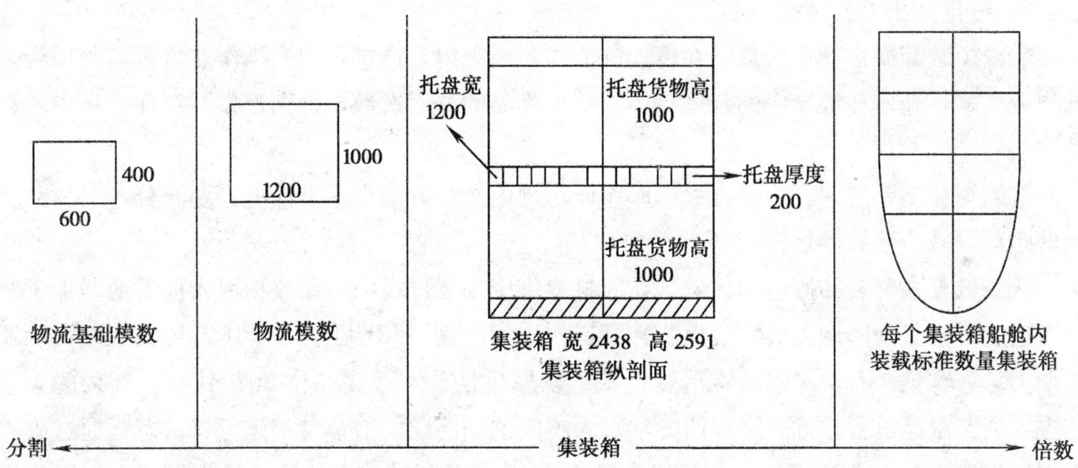

图 3—2　物流模数系列化

比例，必须服从整个市场营销的总体需求。

(2) 装卸搬运

装卸搬运是对物品进行短距离的移动。装卸搬运为其他物流功能提供衔接与支持保障作用，以保证物流系统的运行。

装卸搬运成本是物流成本隐匿性的主要表现。装卸搬运是物流中最频繁的活动，它平均消耗了物流总成本的 10%，却不产生物流的新效用和新价值。因此必须采取技术措施，尽量减少装卸搬运成本。

1) 提高物品搬运活性。物品在装卸搬运作业中的方便程度是物品的装卸搬运活性指数，分为五级，一盘散沙的物品对于人的体能来说是便于移动的物品，但是对装卸搬运作业却是最耗成本的物品，将其活性指数定为零级。依次上推，集装箱货运是最易装卸搬运的物品，定为活性指数五级，见表 3—1。

表 3—1　　物品装卸搬运活性指数

物品码放的状态	物品活性指数
零散物品放置地面	0
装入小于物流模数尺寸以下的箱内物品	1
托盘化包装物品	2
已在收发货区台车上的物品	3
集装箱和大型包装箱物品	4

按照物流标准化的系列模数，尽可能将物品包装成最易装卸搬运的尺寸规格。在物流作业中以 1 200 mm×1 000 mm 的托盘包装，20 英尺（1 英尺＝0. 304 8 m）和 40 英尺长的标准集装箱最易装卸搬运。

2）尽量减少无效装卸作业

①减少装卸搬运作业次数。在可控制的作业范围内，通过合理安排作业流程，采用合理的作业方式，仓库和堆场内的合理布局，减少物品的移库次数，特别是集装箱在堆场中的移动次数。

②缩短移动距离。在货物入、出库作业车辆停放位置的程序设计上，要充分考虑物品移动的距离，减少装卸搬运作业。

③降低无效物装卸搬运的比例。在原材料供应物流过程中，无效物混入极大地增加了装卸搬运成本，必须降低无效物混入装卸搬运作业的比例。20世纪70年代，日本从澳大利亚长期大量采购铁矿石，运回日本冶炼钢铁。以原生铁矿石最高品位20%计算，80%的无效物进入装卸搬运过程，远距离运回日本。为解决这一问题，冶金专家先行将铁矿石通过破碎磁选后将含铁量上升至85%，加工成直径约为1 cm的球状体，然后在外表压滚上一层焦炭粉，形成球团矿。球团矿将无效装卸搬运从80%降到15%，并且将冶炼的时间也缩短90%以上。这是从物流的装卸搬运功能矛盾出发，造就的一场冶金技术的革命。

（3）运输

1）运输的功能。运输创造物品的空间效用。由于市场价位差的存在，运输使同物在不同地具有不同价值。

2）运输成本占物流总成本的比例。运输是物流系统中成本支出与价值回报的最大部分。在物流的初始阶段，运输成本占物流总成本的绝大部分。随着物流技术与管理水平的提高，运输成本所占比例逐步下降。

根据各国物流统计数据，物流成本平均测算见表3—2。

表3—2　　物流与国民生产总值的比例

经济发展水平	物流占国民生产总值比例（%）	运输成本占物流总成本比例（%）
发达国家	10	38
发展中国家	16	60

3）指导运输管理，控制运输成本的两大原理

①规模经济原理。随着运输规模的增长，承运量增加，单位货物运输成本下降。规模经济是由于运输所有成本与费用分摊造成的，运输量越大，物品单位体积或单位重量分担的运输成本越低。规模经济导致装载量提高，运载空间的货物密度提高。

②距离经济原理。随着运输距离的增加，单位距离的运输成本下降，导致长途干线运输单位运距的运输成本下降，短途运输的单位运距成本高。

4）运输方式的选择。有五种运输方式，最常用的运输方式是航空运输、公路运输、铁路运输和水运。

公路运输是实现“门到门”运输的唯一选择，是铁路、水运、航空运输的两端提货与送

货的衔接手段。公路运输灵活性最高，转运时间短，服务频率高。

铁路运输承担着货物大批量长距离运输的任务，铁路运输比公路运输成本低。

水运的成本最低，运量最大，运距最长，是国际贸易的主要承运方式。

（4）保管

1）保管的概念。保管包括物品静态的储存和物品库存过程中的流动性管理，保管等于储备加库存。

2）保管的功能。保管实现物品的时间效用，即同物不同时不同价。保管的时间效用通过对物品的市场供应调节和价格调节实现。当市场需求增加，价格上升时，缩短物品进入市场的时间，加快供给，使物品价格合理回落；当市场需求减少，物品价格下跌时，减少物品进入市场的数量，将一部分物品储存起来，增加物品的时间效用，实现供应减少、价格回升。

3）保管的经济性。保管与运输构成物流的两大实体功能。保管成本平均占物流总成本的15%，而其中主要的又是固定成本，即仓储设施与设备成本。为了在低成本下进行保管运作，应实现保管的如下经济性：

①规模经济性。通过采用新技术扩大保管的能力，降低物品搬运费用，增加物品的流通量，如采用自动化立体仓库技术。

②地点灵活性。储存物品的仓库应向公共化和流动化发展。公共化即第三方物流仓库，面对不断变化的客户物品储存需求。仓库地点流动化可以使地区消费发生重大变化时减少固定资本投资的损失，比如，仓库所在地区客户流失，地价下跌时，仓库可以跟随客户迁移；当地价上升时，可以转移仓库，获得土地资本升值的回报。

③作业灵活性。通过调整仓储策略和作业程序来满足企业和顾客的需求。

（5）流通加工

1）流通加工的概念。流通加工是对物流作业过程的物品进行外形和包装加工。流通加工不改变物品的使用价值，而是完善其价值，从而获得物品的附加价值。

2）流通加工与生产加工的区别。生产加工的对象是零部件、半成品，流通加工的对象是进入物流过程的产成品。生产加工一般是综合性加工，而流通加工则是简单的加工。生产加工的价值回报与成本消耗成正比，流通加工的价值回报与成本不成比例，有时附加价值很高，有时却没有附加价值，主要取决于物品在不同时间的市场需求状况。

3）流通加工的功能。流通加工促进销售。在销售过程中，客户对物品的特殊需要经由分销商转包给物流商完成。大部分流通加工由配送商执行定制加工。

流通加工促进物流合理化。在综合了客户的要求后，为物流作业的便利而进行的流通加工可以将加工成本转移给市场。

4）流通加工与生产加工一体化。流通加工不能代替生产加工。在生产流通一体化管理下，生产加工可以延伸到流通领域，代替流通加工，如自行车、摩托车的分装加工，可以在生产加工结束后，再分拆装入标准包装箱，以便运输。

（6）配送

1）配送的概念。配送是根据客户的订单，以统筹的最经济路程向最终客户送货的作业。最经济路线并非最近路线，而是在一条送货路程上安排多个客户。由于配送是短程运输，其单位运输成本比长距离运输高，因此，必须通过对送货路程的预先设计，以及运行中的合理调配达到送货成本最低。配送中心作业中耗费时间最长，占据配送成本最多的是分货和拣货。在现代配送中心中，要采用物品自动识别，自动分拣传输设备，达到降低分拣劳务成本的目的。

2）配送对物流系统的作用

①配送完善运输和整个物流系统。干线运输实现了长距离大运量的低成本，但是末端运输的成本仍然很高。采用配送作业，将干线运输的物品分货到配送中心，然后以经济路程实现低成本的终端送货。

②配送是最接近客户的物品流动，它使生产商、供应商的市场营销作业准确化。

③配送在降低物流系统成本的同时提高了服务质量。

从物流系统考察，配送以集中的库存取代企业分散的库存，以社会的供应系统取代企业内部的供应系统。与此相应，采用配送的智能化技术手段，使配送作业向灵活性和高效率发展，使企业的“零库存”战略可以实现。目前，制造业中普遍存在的供应系统移向工业区周边配送中心就是其表现形式。

四、物流一体化的内容

一体化是指多个原来相互独立的主权实体通过某种方式逐步结合成为一个单一实体的过程。从企业内部作业观察，将所有涉及物流的功能和工作结合起来，形成企业内部物流一体化作业。在今天的竞争中，必须将其物流活动扩大到顾客和供应商相结合方面，从而实现外部物流的一体化。一体化具体可包括服务的一体化，物流、商流与信息流的一体化两个方面。

1. 服务一体化

随着消费多样化、生产柔性化和流通高效化时代的到来，社会对物流服务的要求越来越高。现代物流中的第三方物流和供应链可以促进服务一体化的实现。大力发展第三方物流、加强增值服务是今后物流业发展的一个重要方向。增值服务的内容有一般的装配、改包装、扩大范围和发展有特色的增值服务。作为一种战略概念，供应链也是一种产品，而且是可增值的产品，其目的不仅是降低成本，更重要的是提供用户期望之外的增值服务。

2. 物流、商流与信息流一体化

最初流通与生产过程相分离，是一种相对独立的经济过程。随着生产力的发展，现代流通呈现出生产过程与流通过程相互渗透、相互融合的一体化趋势。目前，国外大量发展了生产、流通一体化的特种运输。现代社会，不同产品形成了不同的流通方式与营销途径，如生产资料不仅有直达供货与经销制，而且还有配送制、连锁经营、代理制等，这就要求物流随之而变化。许多国家的物流中心、配送中心已实现了商流、物流与信息流的统一，而且这种“三流”一体化趋势已逐渐为物流界人士所认可。

五、物流功能一体化与企业物流

从企业内部作业考察，将所有物流的功能与具体经营活动结合起来，形成企业内部物流的一体化，建造了企业物流运行的平台。

企业物流是在企业经营范围内由实体产品生产和服务活动形成的企业内部物品的流动。企业物流的过程从原材料供应开始，经过生产和服务的加工，到产成品和服务产品的销售，最后将生产与消费过程中产生的废物回收及再处理，实现了企业物流从输入到转换，再到输出，然后资源再生反馈的整个系统运行。企业物流的四个过程如图 3—3 所示。

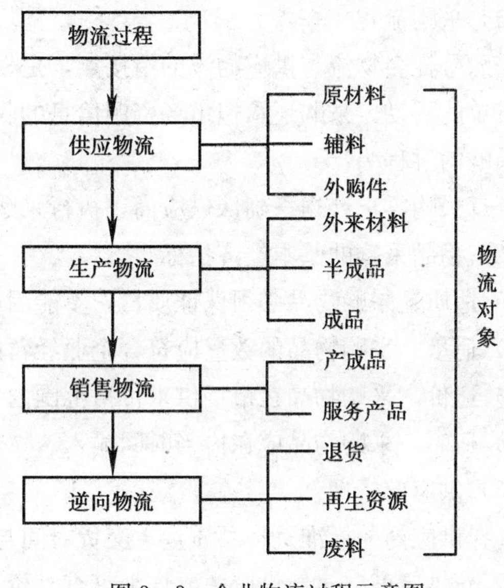

图 3—3　企业物流过程示意图

第 2 节　供 应 物 流

一、供应物流的概念

1. 供应物流的定义

供应物流是企业经营所需要的物质要素输入，它包括对外采购物品、库存管理以及输送到生产场所三个阶段。

2. 供应物流的作用

（1）节省成本

在现代 OEM 状态下的制造业，原料成本占合同加工总成本的 50%以上，库存管理和物料输送占 10%，供应物流成本对制造业的经济核算是首要的。

（2）保障供给

在物流快速反应的要求下，经库存后的物品应按生产流程和物品需求计划准确地输送到生产线或工作场所。

二、供应物流运行内容

1. 采购

（1）采购流程

采购是社会物流与供应物流的衔接点，是根据企业经营的物料需求制订采购计划，完成采购订单的活动。采购还承担市场资源信息的收集和反馈。

采购的过程为：

制订采购需求计划→确认供应商→执行采购合同→采购物品运输→物品入库检验。

（2）物品采购的基本经济指标

1）适质。采购物品必须保证质量，不能因质量事故造成后续流程的中断或推迟。

2）适量。采购物品的数量应符合企业经营的需要，同时参考企业本身的存货状态。

3）适价。采购物品在市场供求价格范围内寻求最低成本。

4）适时。采购物品应在恰当时间输入。

（3）供应商管理

选择供应商的标准是物品质量、交货时间与价格的均衡。管理供应商模式有三种：

1）新供应商。对新供应商要详细审查其资质，围绕采购订单与供应商讨价还价。采购方重视价格、付款条件、具体交货期等一般合同条件，并严格管理履约过程。

2）合同供应商。在前期采购的基础上，试图与供应商建立定向采购关系。采购方与供应商已经建立起互信关系，价格谈判是主要内容。采购商加强对供应商订单备货周期、订货经济批量、最小订单量和订货完美执行率的分析，有了较充分的采购风险准备。

3）战略供应商。在企业物流外部一体化基础上，采购商与供应商建立长期战略性伙伴关系，双方实现需求物料信息共享，采购方集中公司内部采购量，以电子订单采购方式，减少逐批采购的交易成本。供应商可以做到按系统信息及时送货，采用按订单生产和准时制供应方式，使供求关系更紧密。采购方可以将供应物流中的运输与库存管理等环节转移给供应商完成，降低双方的经营风险，节省双方的经营成本。

2. 原材料库存管理

库存管理的功能是根据库存状况，补充采购计划，增加和调整前期库存。库存管理是供应物流的核心部分，它要完成物品的接货、验收、保管等具体操作。

任何生产和流通企业都要为生产和销售建立库存量最低的安全库存和库存量最高的经常库存，日常的库存管理就是在安全库存与经常库存之间，确立成本最低的库存量，以适应生产和经营的需要。

(1) 传统的库存管理方式——经济订货批量

经济订货批量是以库存规律性消耗为前提，将采购成本、存货成本和管理成本三者之和最低时的订货数量区间作为订货的数量依据。

(2) 现代库存管理方式——物料需求计划（MRP）

MRP 内的库存管理是动态性的，它采用计算机方式，根据生产工艺流程，自动计算出生产计划、生产进度和所需的物料，进而自动指令向生产场所输送物料，同时根据生产计划与库存变化，确定采购数量和采购日程。

零库存是在市场有充分保证和第三方物流准时供给的前提下将库存降至最低，或转移到企业之外的库存管理方法。

3. 物品供给

物品供给是指根据原材料消耗与供应计划，配合生产流程作业对生产线和生产场所供应物料。这是供应物流的最后一段作业，是供应物流与生产物流的衔接点。

传统的企业供应物流将采购与采购后的物料供给分开。在企业物流内部一体之下，将采购与供给物料合并为供应物流，供应商将物品直接送到采购方指定的生产场所，实现准时采购供应。在这种方式下，供应商可能随时向制造商提供采购物料。与传统的在生产之前把采购物料大批量送到企业仓库的方式相比，准时采购与准时供应可以减少采购批量，频繁又可靠地交货，减少物料移动路径，尽可能地将物品供应到生产和经营地点。

第 3 节　生 产 物 流

一、生产物流概念

1. 生产物流的定义

生产物流是指原材料、外购件、半成品、产成品在生产过程中，按照工艺流程在各个生产加工地点之间的实体流动。

生产物流与生产过程同步，是从原材料购进入库开始，直到产成品发送为止的物流活动。如果生产物流中断，生产过程也随之停顿。生产物流是生产制造企业所特有的物流活动。

企业内部的生产物流系统连接企业外部的供应物流系统和销售物流系统，在制造企业的物流过程中，生产物流是核心环节。

2. 生产物流的作用

(1) 保障生产过程连续运行

在生产规模较小、技术水平较低、生产节奏较慢的情况下，生产物流只是作为生产制造的附属活动存在。在现代生产制造高技术、大规模、快速化的状态下，生产物流与生产过程相伴随，以生产物流的系统化、柔性化保障生产流程的顺畅运行。

（2）降低生产制造成本

加工制造花费的时间与物流活动占用的时间有一定的比例。原材料制造型的制造加工时间与物流活动各占一半；物品加工型的加工时间占10%～20%，物流活动时间占80%～90%。由于物流活动的时间消耗比制造加工时间消耗还多，故生产物流对总体生产成本影响大。在技术先进、生产流程复杂的大规模制造企业中，将按照规模经济的原则，增加生产物流的投资，在生产物流系统中采用自动化立体仓库，配置顺畅与快速物料运行路线，自动导引运料车，自动上、下料传输设施等，可以减少生产物流的时间成本，降低总体制造成本。

3. 生产物流的特点

（1）生产物流与生产过程的伴生性

生产物流是伴随生产制造过程的物料流动，与生产过程平行交叉。平行是指相同的物品同时在不同的生产线上加工流动；交叉是指前期的在制品在前道工序未完时，将已完成部分的在制品转到后道工序加工。物料平行与交叉流动作业，减少了产品的生产周期。

（2）生产物流的稳定性

生产物流是物品在企业内部的稳定性流动，它可以减少生产系统外的空间、时间与价格等动态因素的影响，按企业内部生产流程运动，并以购入价格记入会计成本，外界价格升跌对购入物料的价值作用有限。

（3）生产物流的时间性

生产物流的成本作用主要体现在时间的节省上，生产物流对时间性的要求表现在生产物流各个环节的时间效应上。

二、生产物流主要环节

生产物流流程如图3—4所示。

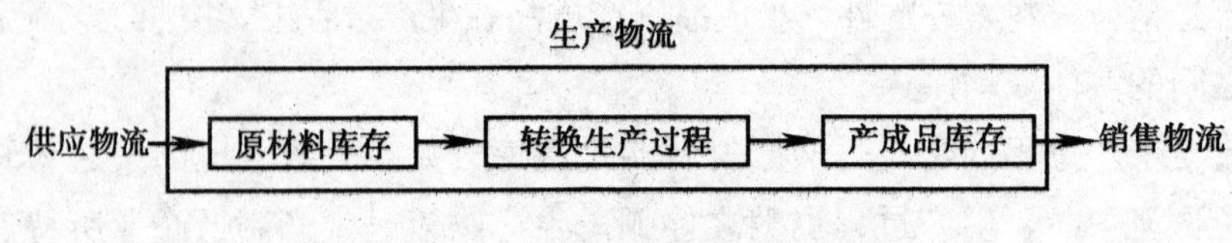

图3—4　生产物流流程示意图

1. 生产物料存储

生产物流开始于生产所需原材料的生产前存储，它保证了生产工序对原材料的连续性消耗。生产物料存储地点越接近加工地点，生产物流的时间成本越低。

2. 生产转换过程

该过程是生产物料到产成品的转换过程，也是企业生产工艺流程的全过程。在这一过程中，生产物流系统需要进行生产物料的出库、装卸、搬运和产成品的入库。生产物料及在制品的流动与企业生产的工艺流程有关，不同的生产工艺对应不同的物料流动。企业的共同目标都是追求物料运行的高效率和低成本。

3. 产成品存储

产成品在进入销售环节之前需要进行短暂的存储，其目的是实现产品的时间效用，调整产品供给与需求的时间差。按订单生产的企业，在准时供应制生产下的企业，也要对产品进行短暂的停留，获得产品销售前的集中运输和大批量包装的规模效应。

三、生产物流合理化

生产物流的作用表现为对产品价值提升的时间效用和空间效用。生产物流的时间效用主要通过生产物流过程中的存储功能体现，而空间效用主要通过装卸搬运的合理化实现。

1. 存储功能合理化

（1）以生产工艺流程和生产作业顺序确定仓库的形式、规模和位置。仓库的位置要适应物料移动，有利于衔接厂内外物流作业。

（2）在作业便利与安全的前提下，充分利用仓储面积和空间。

（3）人力配备要充分满足入库与出库作业的要求。

2. 装卸搬运功能合理化

（1）搬运路线要按直线设置，避免交叉、往复、混杂和多余路径。

（2）搬运设备机械化程度要高，尽量采用标准化系列设备。

（3）物料采用集装化、托盘化方式，减少装卸搬运次数。

（4）作业工序设计合理，减少物品等待和设备空载，提高装卸搬运设备的利用率。

第 4 节　销售物流

一、销售物流概念

1. 销售物流的定义

销售物流是指企业在出售商品时物品在供方与需方之间的实体流动。销售物流是企业物流系统的最后一个环节，是企业物流与社会物流的衔接点。

2. 销售渠道

根据产品因素、市场因素和企业自身因素，企业销售渠道分为直接渠道和间接渠道两个基本类型。

（1）直接渠道

直接渠道是指生产企业不通过中间环节，直接将产品销售给消费者。直接渠道是工业产品分销的主要类型。例如，大型设备、专用工具及技术复杂需要提供专门安装调试和维护的产品均采用直接渠道。

（2）间接渠道

间接渠道是指生产企业通过中间环节向消费者销售产品。根据中间环节的多少，间接渠道又分为短渠道和长渠道。有以下三种分销渠道可供生产企业选择：

1）一级渠道。制造商→零售商→消费者。

2）二级渠道。制造商→批发商→零售商→消费者。

3）三级渠道。制造商→代理商→批发商→零售商→消费者。

直接渠道的建设成本比较高，销售渠道形成后的运营成本较低。间接渠道建设成本低，运营成本高。企业可以按销售产品和市场状况，将直接渠道和间接渠道结合起来，形成混合渠道。

在物流运行一体化过程中，生产企业与下游销售企业通过战略联盟或合作经营等形式建立新型的销售渠道，上下游企业通过信息共享、库存、配送、运输等多方面的一体化使销售物流的总成本达到最低。

二、销售物流工作流程

1. 产成品存货

适当的存储可以解决产品供应的不确定和需求的波动。在平衡过低库存的风险与过高库存的管理成本之间，确定订货时间和订货数量。

2. 包装

包装是生产结束、物流开始的环节。为了便利运输、储存和配送，产成品必须包装。将包装安排在生产结束，甚至将包装作业并入生产加工进行，可以降低物流成本。

3. 订单处理

订单处理是从客户发出订货要求开始到客户收到所订货物为止的一个完整过程，包括订单准备、订单传输、订单录入、订单履行、订单报告等。

（1）订单准备来自需求方，是对产品和供应商的确定，是订货的准备工作。

（2）订单传输是供方将需方的订货信息由接收地向产品生产地或储存地传递。

（3）订单录入是供方将需方的订货要求进行核实和检查，并将订货信息输入数据库。

（4）订单履行是产成品的发送。

（5）订单状况报告是企业对产品发送的实时监控，将产品发送中出现的问题及时、准确地与客户进行沟通。

4. 销售产品运送

在决定销售物流的产品运送时，应考虑如下步骤：

（1）根据物品特性和销售渠道，确定运输方式和运输路线。

（2）在干线运输确定之后，将两端的短距离运输作为重点的成本节省部分核算。

（3）运输外包的经济可行性。

三、销售物流服务要素

影响销售物流供方和需方成本的四大要素是时间、可靠性、沟通和方便性。

1. 时间

时间要素是指订货周期，即客户从确定物品到物品送达之间的时间间隔。

订货周期包括订单处理、订单准备、货物发送，通过对这些活动的有效管理，可以保证适当的订单周期。

2. 可靠性

可靠性是指根据客户订单的要求，按照预定的时间，安全地将订货送达客户指定的地点。可靠性通过备货时间的可靠性、安全交货的可靠性以及正确供货的可靠性来保证。

3. 沟通

沟通是存在于整个销售物流过程中供方与需方的商务交流。交流渠道必须保证畅通，交流方式应多样化，包括电话、常规通讯、电子邮件和 EDI，以及必要的面对面沟通。

4. 方便性

方便性就是服务必须灵活，对不同客户的不同需求，应通过不同的物流服务方式实现客户的最高满意度。方便性建立在成本基础上，对目标客户应提供最大的经营与便利。

第 5 节　逆向物流

一、逆向物流概念

1. 逆向物流的定义

逆向物流是通过计划、实施与控制物品从消费地向生产地的经济性流动过程，以实现对逆向流动物品的适当处置和价值回收的目的。

逆向物流的流向与常规物流相反，它包括已销售物品的退货，已使用物品有用物部分的回收，以及对废弃物的处理。

2. 逆向物流的作用

（1）提高顾客价值，增加竞争优势。在买方市场环境下，企业要保证顾客在整个交易过程中的满足感，应采取宽松的退货政策，减少经销商的风险，改善供需关系，促进企业间的战略合作，强化整体的竞争优势。

（2）节省资源成本。对已用过物品中有用物的回收，可以大大节省新资源消耗。对废旧物品回收加工可以降低企业的物料成本，还可以缓解资源短缺引起的供需矛盾。

（3）保护环境。对有用物回收与废物的处理，可减少产品对环境的污染。

二、逆向物流运行的内容

逆向物流分为三部分：退货产生的回收物流，有价值回收的再生资源物流，无价值废弃物物流。

1. 回收物流

由于产品质量或物流过程中造成的货损，以及顾客出于消费倾向造成的合理退货，均属于回收物流。退货包括产品和包装物。

退货的过程是：产品送回供应商，进行修理和再销售，或者把产品作报废处理，回收其中的有用部分。包装物一般可以再循环使用。退货产品大多并未丧失使用价值，可以采取综合开发方式继续实现它的使用价值，如开辟新的市场。对退货也可以作为募捐用途，发挥其应有的作用。退货产品一般纳入本企业的生产经营计划统筹管理，也可以由相关企业联合设立退货基地，或者承包给第三方物流进行外部商业化运作。

2. 再生资源物流

对有价值物品和资源的回收加工活动是再生资源物流。所有非一次性资源均有再生价值，特别是废金属、废纸和废玻璃器具。由于再生资源数量大、种类多、来源地广泛，再生资源主要由专业化的商业组织进行回收处理。其过程是：

（1）集中回收废旧物品和物资。

（2）分类处理，去除有害物品，再包装。

（3）加工回收有价值资源。

（4）再生资源重新进入市场。

绝大部分再生资源的成本空间很大，有条件进行商品化运作，由此产生专门再生资源的产业部门。

3. 废弃物物流

废弃物物流是将完全无价值的废料进行收集与分类包装，送到专门场所处理的物品实体流动。废弃物品处理方式有以下 3 种：

（1）废弃物掩埋

废弃物集中到政府规划的区域内进行分类、消毒处理后掩埋。经长期监测完全无害后，可以改建为工业区域或其他公共设施。

（2）焚烧

对有机物含量高、易污染环境的废弃物集中起来焚毁。在目前的技术条件下，垃圾发电比较经济。在确定垃圾发电成本与一般商业发电成本的差额后，由政府对垃圾发电厂商进行补贴，这样可以鼓励垃圾处理行业的发展。

（3）净化处理加工

对废水、废物进行净化处理，可减少对环境的危害，尤其是对废水的净化处理，已经成为废弃物物流中的流通加工产业。废弃物物流的合理化必须从能源、资源和生态环境保护三个战略高度综合筹划，形成一个将废弃物的所有发生源包括在内的广泛物流系统。

第4章 物流管理系统

第1节 物流管理内容

一、物流管理是应用技术与商业管理结合

1. 物流活动的演变

物流活动是从货物运输开始，再扩大到整个流通领域，然后深入到企业内部的物流，最后上升到企业外部的配送，形成物流行业。物流管理由应用技术作业与商业管理运作紧密结合形成。物流的应用技术涉及物流的运输、仓储、包装、装卸搬运、流通加工、识别控制、信息采集处理以及机械装备等技术；商业运作包括客户服务与市场开发、成本控制、电子商务环境下的物流交易活动，以及物流组织结构的设计与调整。

2. 物流管理的演变

根据物流活动的扩大与升级，物流管理经历了以下3个阶段：

（1）产品物流阶段

随着卖方市场被买方市场取代，传统制造也为制造商与合同加工商（OEM）分离的制造方式所取代。为扩大市场份额，满足不同层次客户需求，企业进行大规模生产与销售，造成库存成本、订单处理成本和运输成本增加。实体配送管理就是通过对运输管理、仓储与库存的控制，节省产品物流过程的总成本。

（2）一体化物流阶段

传统的职能分割管理导致物流功能效益背反，横向的一体化职能管理可以综合管理每一流程的不同职能，以取得整体最优化的协同效应，这就是集成物流的一体化管理，它的核心

是把企业的输入供应物流、制造过程的生产物流与输出的销售物流集成为一体的平面化管理，增加企业系统中物流功能作用，降低成本，提高服务能力。

（3）供应链管理阶段

由于市场竞争的加剧和市场一体化发展，企业开始关注物流活动的全过程，包括原材料的供应商和产成品的分销商，由此形成将供应商、制造商、分销商、最终客户联结在一起的供应链关系。供应链超出单一企业的管理范围，它要求制造商与各级供应商、分销商建立紧密的合作伙伴关系，共享信息，紧密配合，形成跨企业的商业流程，保证供应链的顺畅运行。供应链管理采用计算机网络技术全面规划供应链中的商流、物流、信息流、资金流，并进行计划、组织、协调和控制。供应链管理使企业从内部一体化转向企业外部一体化，通过降低供应链整体成本，提高供应链的整体竞争力。到达这一阶段，物流管理成为供应链管理的一部分，被称为供应链过程一体化下的物流管理。

二、物流管理系统划分

物流管理系统分为 4 个层次：物流作业管理层、物流执行管理层、物流职能管理层和物流决策管理层，如图 4—1 所示。

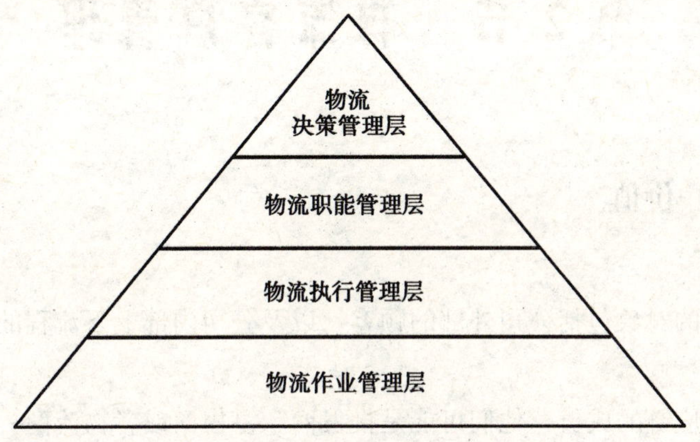

图 4—1 物流管理系统示意图

1. 物流作业管理层

通过作业执行物流功能要素的最优化操作。物流作业管理包括物流运营过程中各个环节的管理，如入库作业管理、仓储作业管理、配货与补货作业管理、配送作业管理、运输作业管理等。

2. 物流执行管理层

按照高级管理层下达的目标和计划，制定相应的执行计划，安排下达给各个具体作业部门和作业人员，保证本部门具体物流任务的执行。

3. 物流职能管理层

负责制订物流运营计划、物流运营信息支持和财务管理，确定执行管理层人员的职责权限、物流人事、薪酬以及行政后勤支持。

4. 物流决策管理层

制定物流运营目标，修订与完善物流运作规章制度，统一指挥和协调整个机构的运作，确定职能管理人员的职责权限，并直接指挥重大物流业务。

三、物流管理内容

物流管理是对物流活动进行计划、组织、协调与控制，以最低的物流成本达到客户要求的服务水平的管理活动。物流管理的内容包括物流服务对象管理、物流控制要素管理和物流职能管理。物流服务对象管理分为物流客户管理和物流服务管理；物流控制要素管理分为物流信息管理、物流成本管理和物流质量管理；物流职能管理分为物流组织管理和物流战略管理。

第 2 节　物流客户管理

一、物流客户价值

1. 客户的概念

现代客户管理的对象包括公司外部的顾客，以及公司内部上下流程的工作人员。客户的特点是：

（1）客户是供应链的成员，他们可能是批发商、零售商或者物流商，客户不一定是产品或服务的最终接受者。

（2）供应链下游的批发商和零售商是上游制造商的客户，他们不一定是用户。

（3）客户不一定在公司之外，内部良好的客户关系，使企业运行顺畅。当内部客户受到不良的内部服务时，他们可能将其转嫁给企业的外部客户，导致客户服务质量下降。

（4）客户的三个层次。

1）第一层次是一般客户，客户的价值比较固定，不易提升，企业与客户的关系是价格利益的均衡。

2）第二层次是潜力客户，企业的目标是争取客户价值的提高，即通过与物流供应商的关系增加其价值，正如中小型出口商希望通过大型运输商提高自身的市场地位。

3）第三层次是关键客户，客户价值的上升空间很大，是企业的稳定客户，对企业利润贡献最大。

三个层次客户的具体情况见表 4—1。

表 4—1　　**客户层次分类表**

客户层次	客户数量比例（%）	客户关系档次	客户目标	企业利润比例（%）
一般客户	60	松散随机	客户满意度	10
潜力客户	30	经常往来	客户价值提高	30
关键客户	10	固定紧密	全面利益	60

2. 客户价值

（1）客户价值的定义

客户价值是客户购买产品或服务的成本与所获得价值的比较。针对具体客户来讲，客户价值是客户接受某一产品和服务时获得的满足感与支付的货币、时间和精力的差额。针对具体企业来讲，客户价值是企业为客户创造的实物价值和服务效用与成本构成的差额。

（2）客户价值的特点

客户价值不是一种货币价值，客户可以感知，但不能精确计算，它反映客户在接受产品和服务后的满足程度。

客户价值是一种相对价值，不同客户对同一产品、同一服务的满足感不同，这取决于客户付出的成本和客户自身的状况。

（3）客户价值的构成

客户价值表现为客户获得的感知总价值和客户付出的总成本之间的比较。

1）总价值

①产品价值。由产品的功能、特性、技术含量、品质、外观等组成。产品价值始终是客户价值构成的第一要素。

②服务价值。在出售产品或服务时，使客户感觉方便、周到和满足。

③品牌价值。品牌的力量已经成为客户价值日益重要的驱动因素。

2）总成本

①货币成本。货币成本是指客户购买时的货币支出。

②时间成本。客户的购买时间越少，客户的购买总成本越小，客户的价值越大。

③精力成本。客户在购买产品及服务时的精神与体力耗费。用下列公式表示：

客户价值＝(产品价值＋服务价值＋品牌价值)－(货币成本＋时间成本＋精力成本)

3. 以客户价值确定客户管理

物流客户管理的核心是辨别客户价值，分辨出哪些客户会给企业带来盈利，哪些客户会给企业带来亏损。物流企业不可能将所有的企业和个人都变成自己的客户，也不可能将所有的客户一视同仁。物流企业必须通过差异化服务提高客户价值，特别是提高关键客户的价值。

（1）关键客户是企业最主要的客户群，企业应为他们提供额外增值服务，将最好的服务提供给关键客户，以此提高关键客户的客户价值。

（2）关注和培养潜力客户的客户价值，潜力客户的客户价值不稳定，应有目标地选择那些客户价值高者进行培养。

（3）一般客户的客户价值比较固定，他们对产品和服务的满足感比较确定，不轻易改变。因此，不必在一般客户群上花费过多的资源，可以利用灵活的价格杠杆保持客户的满意度。

二、开拓物流客户途径

物流客户管理的工作重心是开拓物流客户，其途径是：

1. 建立良好的物流服务体系

良好的物流服务体系包括物流服务设施和物流服务作业体系。

（1）物流服务设施由有形设施和无形设施组成

1）有形设施。分为以下 3 个部分：固定设施，包括站、场、码头、仓库以及附属建筑；流动设备，包括船、火车和车辆、货车以及装卸、搬运、包装、流通加工机械设备；通信设备，包括各种计算机设施和相关通讯设备。

2）无形设施。主要是指物流信息系统和网络。

（2）物流服务作业体系

物流服务作业体系包括物流服务方向、物流服务程序和物流客户群选择。

1）物流服务方向。以下是决定物流企业服务方向的 6 个因素：

①企业自身能力。是指企业全部资源（包括人、财、物和管理水平）必须符合市场的要求。

②服务内容差异。是指有差异的服务可以避免价格战，企业可以依靠特色服务进行竞争。

③市场需求特点。寻找未满足的市场需求。当运输市场饱和时，要寻找细分市场目标。如果细分市场都没有企业进入的空间，就只有放弃这一市场。

④服务项目生命周期。如果开展的服务项目在市场上可以领先一段时间，就可以获得足够利润。若没有长期领先的服务项目，则要经常更新和改造服务项目，以便形成新一轮生命周期。

⑤市场竞争状况。是指分析竞争对手，弄清楚潜在客户如何感受和评价竞争对手，按照客户的态度评价自己的服务，制定可行的定位战略，不断检查定位效果。

⑥宏观营销环境。是指市场整体的购买能力。

物流企业必须通过对上述内容进行可靠分析，确定企业的经营方向。

2）物流服务程序。物流企业通过物流作业图产生服务流程图，标明企业与客户的直接接触点，及时发现服务中的问题并进行改进。服务流程图是物流企业对客户的服务步骤，所有服务步骤能否使客户满意取决于流程图的设计，更取决于管理者和员工的素质。

（3）物流客户群的选择

物流企业要通过差异化服务选择客户群。潜力客户群要依靠市场开发和价格的作用确定。当企业客户资源不足时，应下调价格，把一般客户争取成为潜力客户；当企业客户资源过剩时，应上调价格，把不稳定的潜力客户筛选出去。无论何种情况，企业都要剔除不良客户。

2. 进行准确的物流市场定位

物流市场定位的程序是：

（1）物流市场细分

物流市场细分是企业根据客户及客户群不同的需求特征，将整个市场划分为若干客户群，每个客户群具有基本相同的细分市场。

（2）物流目标市场选择策略

物流目标市场是企业选定作为客户营销服务对象的物流细分市场，即物流市场定位。其过程为：

1）市场定位步骤。分析细分市场需求状况→分析竞争对手物流供应能力和服务水平→结合企业自身条件对比→确定目标市场。

2）市场定位策略

①根据物流服务的属性和特色定位。

②根据质量和价格定位。

③根据服务目的和服务范围定位。

④根据接受服务者类别定位。

⑤根据企业服务类别定位。

⑥与竞争对手正面交锋，确定企业的最后定位。

3. 推进客户忠诚的物流市场营销

客户忠诚是指企业长期稳定客户的满意度高。在以客户为导向的物流市场开拓中，获得客户的忠诚，比取得市场占有率更重要。因为市场份额对企业利润的增长作用更大，市场份额的质量优劣是客户忠诚营销的结果。

（1）以塑造品牌来形成客户忠诚的营销

品牌是企业的产品或服务的名称、符号或设计，品牌具有识别、增值、装饰、促销和竞争的作用。品牌是最能产生客户忠诚的标志，物流企业应首先通过塑造自己独特的品牌推进客户忠诚营销。

（2）以满足客户需求来形成客户忠诚的营销

满足客户需求的忠诚营销内容包括符合客户需求与期望，及时有效提供客户服务，创造不同于竞争对手的服务优势，对个性化客户提供特殊服务的能力。

（3）以超越客户期望来形成客户忠诚的营销

客户期望是客户对购买产品或服务的预计满足感。当产品或服务超过了这种满足感时，就产生了超越客户的期望，使客户产生欣喜。超越客户期望的忠诚营销是通过制造市场引导客户期望达到更高的标准，使客户愿意以更高的价格和更多数量进行购买，从而实现客户价值的提高。

4. 开展多样的物流促销活动

可以通过公共关系、广告、人员推销和示范服务等多种形式的促销活动，来达到开拓物流客户的目的。

三、巩固物流客户的方法

1. 建立物流服务品牌

建立物流品牌是企业巩固客户策略中最具有战略意义的方法，是实现利润长期增长、保证长远发展的有效途径。服务品牌使客户满意，使客户对品牌产生忠诚，企业从而巩固客户。

2. 提高物流客户满意度

通过测定客户经历的服务质量和感知价值，测定总体客户满意度、客户忠诚度，了解客户意见，采取不断变化更新方式，提高客户满意度。

3. 开发物流服务新项目

开发新的物流项目要有市场，要有特色，要有能力，要有效益。

4. 强化内部客户管理

通过强化内部客户管理来提高外部客户的满意度，以保持外部客户的忠诚。内部客户管理的内容为：

（1）及时把握内部客户的思想与行为状况，并通过采取与成本能力相适应的措施，提高内部客户的满意度。

（2）建设企业文化。以企业文化为中心，提高士气和员工对企业的忠诚度，并通过员工的传递来提高外部客户的满意度。

第 3 节　物流服务管理

一、物流服务的概念

1. 物流服务的定义

物流服务是企业为了满足客户的物流需求，进行一系列物流活动的结果。物流服务本身不创造商品的形质效用，而是产生空间效用和时间效用。现代物流管理的核心是在成本有效的范围内，向物流需求方及时有效地供应物品和服务。现代物流管理以客户满意为首要目标，在物流企业经营战略中确立客户服务的标准，通过物流服务差异化途径保证物流服务的高水平。

2. 物流服务与客户服务的关系

企业物流服务属于客户服务的范畴，物流服务围绕客户期望的物品、期望的传递时间和期望的质量开展。企业物流服务可从以下 3 个方面满足客户对物流的需求。

（1）备货保证

对于客户所期望的物品要有足够的存货保证。

（2）输送保证

在客户期望的时间内及时输送物品，包括物品长距离的运输保证和近距离的配送保证。

（3）品质保证

质量应保证符合客户的期望。

3. 物流服务的作用

（1）物流服务成为市场细分营销的重要环节

在从大批量生产和销售的规模营销转向细分市场营销后，市场的多样化和分散化使企业不断地符合各种类型与不同层次的市场要求，企业根据差别化战略对客户进行差异化服务，物流服务是差别化营销的重要方式和途径。

（2）物流服务水平对经营效益的作用

企业的物流成本控制决定企业的物流服务是有限的。因此，在制定合理的企业预期物流服务时，必须考虑到对企业经济效益的影响，特别是对一些非常规紧急物流服务，应考虑其成本适当化，保证经营效益不受太大影响。

（3）物流服务方式的选择对降低成本的作用

合理的物流服务方式能够给企业带来经济效益，成为企业的第三利润源，特别是采用精益物流、虚拟物流、共同配送都能够有效降低总体的物流成本。

（4）物流服务有效推动供应链的运作

对供应链的所有成员提高物流服务，将导致在整个流通过程中不断调整企业应对市场的策略，进而创造出一种超越单个企业的供应链价值。

二、物流的基本服务

物流服务通过功能要素的活动实现，包括包装、运输与配送、储存、流通加工，以及相关的物流信息。

物流基本服务实现物品的空间效用、时间效用和流通加工效用提供可靠性和及时性。

1. 创造空间效用服务

物品由生产地通过分销渠道发送给客户的过程分为运输与配送，由生产地至流通仓库或物流中心的物品空间位移是运输，从流通仓库或物流中心到用户的空间位移是配送。物流服务选择满足客户需要的最经济的运输方式，在规定的时间内将物品送达客户的收货地，并实时监控运输过程，合理调配运输工具，减少回程车辆放空。在为客户提供满意服务的同时，提高自身的经济效益。

2. 创造时间效用服务

物品在生产经营过程中的暂时停滞，对货主是资源的被动浪费，储存功能将其转化为积极的调节功能。

（1）调节供需与价格的功能

生产和消费不可能完全同步，当市场上物品供应过多，价格下降时，将一部分物品储存起来，减少供应，导致价格回升；当市场物品供应减少，价格上升时，将储存物品尽快输送到市场，保证供应，实现价格稳定。

（2）调节物品运输功能

将分散货源集中到集货中心，然后进入快速干线运输；或者将集中货物从干线运输分散到配送中心，再配送到终端客户。从物品的分散到集中的过程中，使储存功能发挥保障和调节作用。

（3）调节库存，保障供给

物流商选择连贯的运输方式，通过在储存体系中配备高效的分拣、传送、保管设备，多种物流作用同时交叉进行，减少货主企业的库存量和库存时间。物流服务商还可以采用准时供应方式，利用信息网络的虚拟库存代替实物库存，实现在不降低物流服务水平的前提下，尽可能减少实物库存水平。

3. 流通加工效用服务

流通加工是在流通过程中，应客户要求对物品进行的外形和包装加工。流通加工的作用是促进销售，维护产品质量，实现物流的高效率，流通加工是物流作业中最明显的客户服务功能要素。

在提供上述 3 种服务时，通过包装、运输和储存功能，保证物品无货损或低货损。

三、物流的增值服务

增值服务是针对特定客户或特定物流活动的定制化服务，它是超出基本服务范围之外的附加性服务。物流增值服务的内容包括以客户为核心的服务、以促销为核心的服务、以制造为核心的服务和以时间为核心的服务。

1. 以客户为核心的服务

以客户为核心的增值服务向买卖双方提供利用第三方专业人员配送产品的各种可供选择方式。在企业密集的城市中央商务区，由专门的商务文件与票据传递公司在提供配送服务的同时，又提供提货的服务。这是简单地以客户为核心的增值服务，复杂的以客户为核心的增值服务包括从订货服务到送货服务，再到按零售后货仓储备所需的明细货品规格持续提供配送服务。这类专门的增值服务可以用来有效支持新产品的引入市场，以及根据当地市场的季节性需求而进行的配送。

2. 以促销为核心的服务

这种增值服务是对企业促销的特定支持服务。成熟商业地区的促销是集中在特定展销中心，全年不断地变化自己的产品形象和销售表演，称为“SHOW”。如果均由本公司承担，其成本必然高，效果也不一定会提高。促销方案决定后，转由第三方配送样品的公司负责全程促销活动就是这种增值服务的表现。

3. 以制造为核心的服务

即通过独特的产品分类和配送来支持制造活动的增值服务。这种增值服务的核心是将流通加工活动提前至生产加工阶段进行，根据客户的需要，对产品进行最终的修正和调整，以适应特定客户的需求，其结果是使服务得到了极大的改善。

4. 以时间为核心的服务

这种增值服务的主要特征是消除不必要的仓库设施、减少重复装卸、搬运活动，最大地提高服务速度。以时间为核心的服务正在原材料工业和标准化组装行业中大力推广，比如汽车装配线以准时制的零部件配送代替传统的车间内仓库，进而以同步零件输送线，供应组装所需的零件。物流的增值服务与配送有直接的关系，配送是终端物流活动，它掌握最终消费客户的需求，因此所有的物流增值服务都是从配送引申发展出来的。

第4节　物流信息管理

一、物流信息系统

1. 物流信息系统概念

物流信息系统是计算机信息技术和网络信息技术在物流领域应用的技术与管理系统，物流信息系统通过对物流运作信息的收集、存储、加工处理和传递，对物流活动实施有效的控制与管理。

2. 物流信息系统功能

（1）市场交易功能

物流交易活动体现在市场开发、订单接受、价格确定方面，物流信息系统的交易功能是记录物流交易的基本内容，它的特征是信息的程序化与规范化，以及交易信息的及时性和集成性。

（2）业务控制与协调功能

物流信息系统通过信息技术对物流作业过程进行实时控制。当物流作业系统运作不正常时，及时调整作业程序，衔接不同作业环节，使物流运作系统顺畅。

（3）决策支持与战略规划功能

在数据库基础上形成的物流信息决策支持和战略规划系统，对决策管理层制定物流活动的目标、方针、计划起决定性的作用。

3. 物流信息系统构成

（1）订单处理信息

订单的流程是订单传递、订单处理、订货准备、订货运输。根据这一流程，订单的功能如下：

1）以电子数据交换方式接收订单以及营销人员在市场开发时接受的订单。

2）按订单内容，对订单进行分类处理。

3）支持客户从网上查询订单的执行情况。

4）安排客户的应急订单。

（2）仓储配送信息

仓储（库存）与配送系统的功能包括：

1）入库作业信息。入库作业信息包括预订货与预进货数据处理和实际进货补货作业。预订货数据来自采购订单信息，预进货数据来自供应商的进货与补货信息；实际进货作业是经货物检验后入库的物品信息。

2）保管作业信息。保管作业信息是对物品编码的录入与跟踪，确定物品的存储位置以及保管过程中物品数量和质量变化的信息。

3）拣选作业信息。将确认后的配送信息发给拣选作业人员，然后把拣选后的信息与配送订单集中，再冲减库存信息。

4）出库作业信息。将出库单据所有信息输入，并打印交付出库与送货作业人员，待收货客户确认后，再将作业完成的所有单据核对，输入数据库。

（3）运输管理信息

运输管理信息包含调度信息、配送与货物跟踪信息。

1）调度作业信息。调度作业信息包含物品的配载与运输工具配置信息。运输工具调度信息是核心，当运输工具不足时，还需要外包的货源与分包商的信息。

2）配送信息。配送信息包括物品集中与分类、车辆配装与配送、路线设计与收款信息，以及配送过程中收集的竞争客户信息。

3）货物跟踪信息。由 GPS 执行的追踪系统向运输商、承运商和货主提供货物与运输工具的动态信息。

（4）货运代理信息

货运代理信息集中全部的物流功能活动信息，核心是托运人与承运人的货物运输信息，以及服务项目收费信息。在海运方式下，还要收集与处理港口、码头、航线的信息。

二、物流信息技术

按照对物流信息系统作用的不同，将物流信息技术分为 4 类：物流信息标志与采集技术、物流信息传输技术、物流信息存储技术、物流信息处理技术。

1. 物流信息标志与采集技术

物流信息标志是对物流过程中的物品按照标准化规则制定统一的代码，以便快速准确采集。在整个流通范围内，物流信息标志代码是生产商、经销商、物流商和最终使用者在整个供应链过程中的共享数据，贯穿全部流通过程，并通过对物流标志数据的收集、处理、反馈，控制与调整物流运行系统。

（1）物流信息标志与采集的特点

1）物品及货运单元标志的唯一性。物流信息标志包括商品单元和货运单元标志。商品单元编码是消费用途的唯一标志，用于现代商业流通管理。货运单元编码是多个与多种物品的集合，用于现代物流管理。这两种编码标志必须在使用过程中保持唯一性特征，以确保信息传输与处理的有序进行。

2）自动快速采集。自动识别技术解决了计算机数据输入速度慢、错误率高等问题，可以自动识读、自动输入计算机系统，结合管理信息系统的处理，形成物流信息系统来源。

（2）条形码技术

条形码技术是使用最广泛的自动识别技术，通过光电效应，条形码代表的商品通用信息快速准确输入计算机系统，成为物流信息系统的初始数据。条形码技术是目前物流信息系统中优先采用的信息技术。

1）条形码的组成

①通用商品条形码。通用商品条形码用于标志国际通用商品，由13位数字的标准版商品码（EAN－13）为主，附加8位数字的缩短版商品码（EAN－8）组成。

②储运单元条形码。储运单元条形码是专门表示储运单元编码的条码，它包含了通用商品条码内容，并附加储运状况。

③贸易单元128码（EAN－128）。EAN－128码广泛应用于制造业的生产流程控制、物流中的仓储管理、车辆调配、货物跟踪等方面。

2）条形码应用

①零售商业领域应用系统。通过条形码阅读器准确快速地将物品信息收集到计算机中，并指导物品的入库、出库和结算。条形码系统扩大使用范围，升成为销售时点系统（POS），利用现金收款机作为终端与主计算机连接，并借助光电识读设备录入物品信息，可以在任一时点确定物品销售的品种、数量、库存量以及现金收入。

②仓储应用系统。在仓库货位上的所有物品均有条码标签，通过便携式条码识别器将出入仓库物品的信息及时输入主机进行物品盘点，它可以在任一时点确定物品流向与库存数量。

③运输应用系统。通过全自动条码阅读系统，能够高效率识别货物的内容与运输要求、托运人和启运地及到达地的信息。

2. 物流信息传输技术

（1）电子数据交换技术（EDI）

EDI是无纸化电子文件传输，它将商业文件按统一标准编制为计算机识别和处理的标准格式，在EDI终端之间进行自动传输。

EDI为物流行业提供技术机制和管理机制，先进的信息交换技术是技术支持，规模化的业务处理流程是管理支持。EDI在公路快速系统中的应用，主要围绕集装箱运输和零担运输客户分散且多样化需求，可以有效解决传统运输作业的弊病，提高公路运输效率；EDI在解决铁路运输系统中数据格式不一致发挥了关键作用，并加大了集装箱货运比例；EDI在国际货物运输中，快速处理国际货运中的商务信息交换、货主单证的电子传输。

（2）Internet、Intranet和Extranet传输平台

1）Internet是开放型的互联网络，具有信息传输的广域性和网络协议的开放性。Internet提供电子邮件、电子公告板、网络新闻、文件传输、浏览、检索等功能服务，为商业提供电子广告、联络、营销及在线技术支持。Internet的高速服务可以克服物流在时间与空间

上的限制，实现传统物流向现代物流的转换。

2）Intranet 是企业内部无纸化信息传输技术。Intranet 方便连接外部互联网成为 Internet 的一部分，获得在封闭式管理信息系统（MIS）下不具备的先进灵活应用服务。

3）Extranet 是将 Intranet 的构造技术应用于企业间，为供应链成员的交易伙伴、合伙对象、相关公司、销售商及主要客户提供受控的外联网络，在物流运作系统中专门处理客户关系管理（CRM）、电子订货（EOS）信息和电子商务交易等。

（3）GPS 和 GIS 的综合应用

GPS 是全球定位系统，它可以在全球范围内实现全天候、实时地为用户提供精确的位置、速度与时间信息。

GIS 是地理信息系统，它利用计算机系统管理各种与地域、空间相关的信息，在显示器上对地图进行任意图层放大、缩小与调用，对地理要素和运输工具进行直观显示。

GPS 以 GIS 为基础，在物流运行中对运输工具和货物进行动态定位、调度和管理，改进运输工具的运行状态，增加对突发事件的快速反应能力。

3. 物流信息存储管理技术

信息存储管理的主要技术是数据库技术，它将数据按照一定的数据结构模型组织存储在磁盘或存储器上的数据集合，使这些数据能以最佳方式得到保存、共享和应用。数据库的数据是根据客户的业务活动和组织结构需要而设计的各种相关数据的集合，该集合中的数据通过数据库有效存储和管理，为客户的业务与管理人员以不同的应用程序方式所共享。

三、物流信息管理系统

1. 物流信息管理系统技术构成

在物流信息管理系统中，数据分析处理系统是核心部分，数据采集与表示技术是人机交流的基础，数据传输技术为网络化运行提供保障，这三者共同组成物流信息管理系统。

2. 物流信息管理的功能结构

（1）操作层

操作层的活动内容包括：记录订货、安排存货、作业程序选择、定价、发运、开立发票、客户查询等。

操作层的信息管理包括：单证信息的传输与监控；价格的确定；出入库信息；库存计划与分析；物流设施与设备的维护和使用；业务状态信息的追踪与查询。

（2）管理层

管理层信息的目标是通过对日常运作信息的统计分析，进行绩效考核，根据实际情况，编制与修订计划。

管理层的信息管理包括：客户关系信息的管理与分析；库存计划与分布；运输调度计划信息；流通加工规划；成本核算。

（3）战略决策层

战略决策层的目标是保持企业的持续竞争力，以及对特大型或特别重要物流项目的直接指挥。战略决策层的信息管理内容包括：市场环境信息、预测信息、虚拟和仿真的结果分析、战略规划信息。

第 5 节 物流成本管理

一、物流成本管理的概念

1. 物流成本与物流成本管理

物流成本是物品在物流过程中所付出的人力、物力和财力的总和。物流成本管理是以成本控制为手段的物流管理方法，物流成本管理通过物流成本计算、物流活动预算编制、物流成本分析等具体工作完成。物流成本管理的目的是保证在确定物流服务水平下的物流成本最低。

2. 物流成本的宏观与微观统计

随着经济发展的成熟，物流成本占国民总产值（GDP）的比例也趋向下降和稳定。在发达国家中，物流成本平均占国民总产值的 10%（2000 年统计数字）。我国整体物流成本占 GDP 的比重为 18%（2003 年估算数字）。在传统的物流运作中，运输和仓储成本占有物流总成本中最大的比例，其中运输成本约占 50%，仓储成本约占 20%。现代物流的微观成本构成发生了变化，运输成本大大下降。美国大型公司（年销售额 1 亿美元以上）的物流成本构成状况见表 4—2。

表 4—2　　美国大型公司（年销售额 1 亿美元以上）的物流成本构成状况

成本内容	占总成本百分比（%）
订单与客户服务	10
配送与仓储	25
运输	37
装卸搬运	12
流通加工（含包装）	8
管理	8

3. 物流成本隐匿性

物流成本的隐匿性表现在三个方面：

（1）企业内部物流成本和费用与其他成本费用混在一起，不易区分。

（2）装卸、搬运成本难以计算。

（3）物流活动本身难以控制的成本，如紧急运输和即时配送产生的额外费用。

物流成本的隐含性表明物流成本计算的困难与不确定。

4. 物流成本与物流服务水平的关系

物流成本支出与物流服务水平呈非线性关系，如图 4—2 所示。

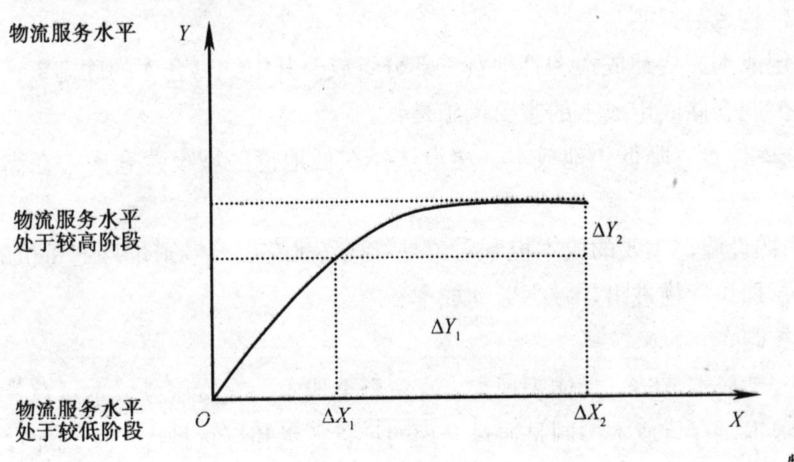

图 4—2　物流成本支出与物流服务水平关系图

（1）当物流服务处于较低水平时，物流成本的作用大。即物流成本增加量为 ΔX_1，物流服务水平增加量为 ΔY_1，此时 $\Delta Y_1/\Delta X_1>1$。

（2）当物流服务水平处于较高时，物流成本的作用小。即物流成本增加量为 ΔX_2，物流服务水平增加量为 ΔY_2，此时 $\Delta Y_2/\Delta X_2<1$。

结论：当物流服务已经基本达到物流客户的既定目标时，应降低物流成本支出。

二、物流成本控制

物流成本控制是对物流活动前成本的预测和计划，物流运行中成本的监督与调整，物流作业结束后成本的计算和分析，实质上就是物流成本管理。物流成本控制主要内容包括：

1. 运输成本控制

（1）运输成本构成

1）变动成本。变动成本由具体的运输作业确定，包括劳动成本、燃料费用、维护保管费用和运输端点的场、站费用。

2）固定成本。固定成本表现为固定资产折旧，它不与具体的运输活动相关，而是按期提成。

3）管理费用。与运输作业直接相关的管理成本。

（2）运输成本的控制要点

运输成本的控制要点是：合理选择运输工具；采用联合运输，降低成本；推行直达运输。

2. 保管成本控制

保管成本包括仓储成本和存货成本。

（1）仓储成本的构成与控制

仓储成本由固定成本、变动成本和管理费三部分组成。其中，以仓库的固定资产和土地费用为主要部分。控制仓储固定成本的主要措施是：

1）合理选择仓库位置，降低土地成本。尽量选择在低地价区域设置仓库，在高地价只能租用土地。

2）对于仓库内部设施，主要的成本控制对象是货架、叉车以及巷道堆垛起重机的成本，以增加仓库利用率，加快货物进出，减少劳动成本。

（2）存货成本控制

存货成本属于变动成本范畴，具体表现为：存货资金成本、存货服务成本、存货储存保管成本、存货风险成本。存货成本控制是通过合理的订货数量和订货批次，实现库存流量最大，库存最低，存货成本最小。

3. 配送成本控制

（1）配送成本构成

配送成本主要由3部分构成：分拣配货成本、送货成本、储存保管成本。

（2）配送成本控制措施

1）合理设置分拣作业程序，配备输送设备，节省分拣劳动成本。

2）实行共同配送，优化配送路线，减少短途送货成本。

4. 装卸搬运成本核算控制

装卸搬运成本控制集中表现在集装箱移动作业和生产物流过程中的物料移动作业方面。

（1）集装箱移动成本控制

集装箱移动成本控制主要通过作业前对集装箱堆场合理布置，实现尽量减少集装箱的移动次数。

（2）生产物流中的物料移动成本控制

生产物流过程中物料储存地点和物料运行路线的合理布局可以使物料移动的成本降低。

5. 订单与客户服务成本控制

该部分的成本控制原则上属于管理成本的控制。由于客户流失或物流服务水平低导致物流价格低，其主要原因都是客户服务水平低造成的，应吸收高水准的物流客户服务人员以提高客户服务水平。

第 6 节　物流质量管理

一、物流质量管理的概念

1. 物流质量管理的定义

物流质量管理是以一定的质量标准对物流质量的控制。物流质量管理的目的是在成本可行的前提下，向客户提供尽可能高的物流质量服务。

2. 物流质量的内容

（1）客户服务质量

客户服务质量贯穿物流作业的全过程，客户服务质量通过客户服务要素的控制实现。通常按物流运行过程将客户服务分为交易前、中、后 3 个阶段，分别控制各个阶段客户服务要素。

1）交易前要素。交易前的客户服务要为合同达成创造条件。交易前的质量要素包含为履行合同而提供的存货准备，实现配送活动的送货时间安排。

2）交易中要素。交易中的客户服务是围绕合同项下的送货而进行的交易中要素，它包括：订单执行、订单流转、订单跟踪、订单执行中的修正；短途配送活动中的分拣与配货完成率，配送路线的合理设定；长途货物运输中完好的转运衔接。

3）交易后要素。客户服务的交易后活动是售后服务，它的作用是提供售后支持，特别是对售后有质量缺陷物品的更换维修，同时平息客户抱怨，收集售后服务信息。

（2）物品质量

物品质量的核心是低货损率或无货损率。物品质量问题表现在以下 3 个方面：

1）物品在运输与存储中的破损。

2）物品在转运和送货过程中发生的失窃。

3）食品、药品等物品在仓储及配载中发生的变质、串味。

（3）工作质量

工作质量是物流各功能活动中各环节、各工种、各岗位的具体运行质量。工作质量由物流运行中庞杂而细小的作业组成，如仓储工作中的入库检验，搬运装卸中对物品的码放，储存中的温度与湿度的控制，出库中的单据凭证核对等。

（4）工程质量

工程质量是指对物流设施与装备的质量保障程度，是物流质量体系中的硬件措施。

二、主要物流质量指标

1. 服务质量指标

货物损失指标是表明在一个时间段内，发生货物损坏的金额与同期内合同执行金额的比例；缺货程度指标是指同期内缺货次数与用户要求次数的比例。

货损率＝（货物损失金额/完成合同总额）×100%

货损货差赔偿率＝（货损货差赔偿金额/同期业务收入总额）×100%

缺货率＝（缺货次数/用户要求次数）×100%

2. 仓库质量指标

仓库吞吐能力实现率＝（期内实际吞吐量/仓库设计吞吐量）×100%

仓库利用率＝（年度存储物品实际数量或容积/设计库存数量或容积）×100%

仓储吨成本＝仓储费用/库存量（元/t）

3. 运输质量指标

车辆满载率＝（车辆实际装载量/车辆装载能力）×100%

运力利用率＝（实际吨公里数/运力往返运输总能力）×100%

正常运输率＝（正点运输次数/运输总次数）×100%

4. 设备质量指标

设备完好率＝（期内设备完好台数/同期设备总台数）×100%

设备利用率＝［全部设备实际工作时数/设备工作总能力（时数）］×100%

三、提高物流质量途径

1. 准确把握客户的需求

物流企业必须从以下 3 个方面把握客户的需求：

（1）公司外部客户的需求

对公司的客户，要定期调查他们的质量要求，定期监测市场的变化。

（2）内部客户需求

物流过程涉及的公司内部运营部门和人员，都是物流服务供应环节的内部客户，必须了解他们对公司执行具体物流合同的需求。不能因为是内部人员，就理所当然地认为他们的作业质量达到合格标准。

（3）竞争对手的状况

把握竞争对手的质量执行标准可以使企业对整体的市场质量标准有充足认识，以竞争对手的质量标准作为参考，可以节省同等级物流质量标准的支出。

2. 质量标准与物流成本的均衡

物流企业不可能不计成本维持高质量的物流服务水准。经过客户需求与物流运作成本比较后，对不同成本的物流质量实行差别化对待，以适宜的资源对应适宜的客户，实现适宜的质量要求。

3. 物流质量过程的控制

在物流运作过程中控制物流质量是物流系统管理的关键，应通过对物流运行的时间、物流活动所需要的资源和参与物流作业的人员进行有效的控制，才能最终控制物流质量过程。

4. 利用物流信息工具提高物流质量

(1) 通过数据库和管理信息系统（MIS）掌握物流质量的实时状态。

(2) 在物流作业过程中，采用电子订货系统（EOS）、物料需求计划（MRP）、全球定位系统（GPS），在码头和仓库中安装电子监控设施，提高对物流质量事故的快速反应能力。

第 7 节　物流组织管理

一、物流组织管理的定义

物流组织是物流功能运作和管理的固定机构。在制造与销售企业中，物流组织是专营物流活动的内部机构，第三方物流企业则是整体的物流组织。

物流组织管理随着企业的物流活动不断变化，不断调整物流组织架构，以提高物流服务水平，降低物流成本。

二、物流组织演变

物流组织的发展演变经历了以下 3 个阶段：

1. 第一阶段——功能集合型物流组织

功能集合型物流组织是在原有组织架构基础上，将各个专业部门的物流功能合并，使物流作业在本部门内进行计划、控制和协调。比如，在一个企业的车间内部将采购、库存、物料管理和物品装卸搬运活动归并到一个机构，以便统一管理。

功能集合型物流组织结构的优点是不增加管理幅度，只是在原职能部门内将物流运作重新划分，适应经营的需要。该种组织结构适合于外部环境较为稳定、采用常规技术、重视内部营运效率、操作人员素质比较好的中型规模企业。目前，在制造加工业企业中普遍采用这种组织形式。

该种组织结构不适于大型企业，或者外部环境复杂、内部技术层次高的技术创新型企业。功能集合型组织的功能整合没有改变物流过程的分散性，容易形成本企业内部物流业务分割状态，影响整体的物流合理化和效益。

图 4—3 所示为适用中型企业的功能集合型组织结构。

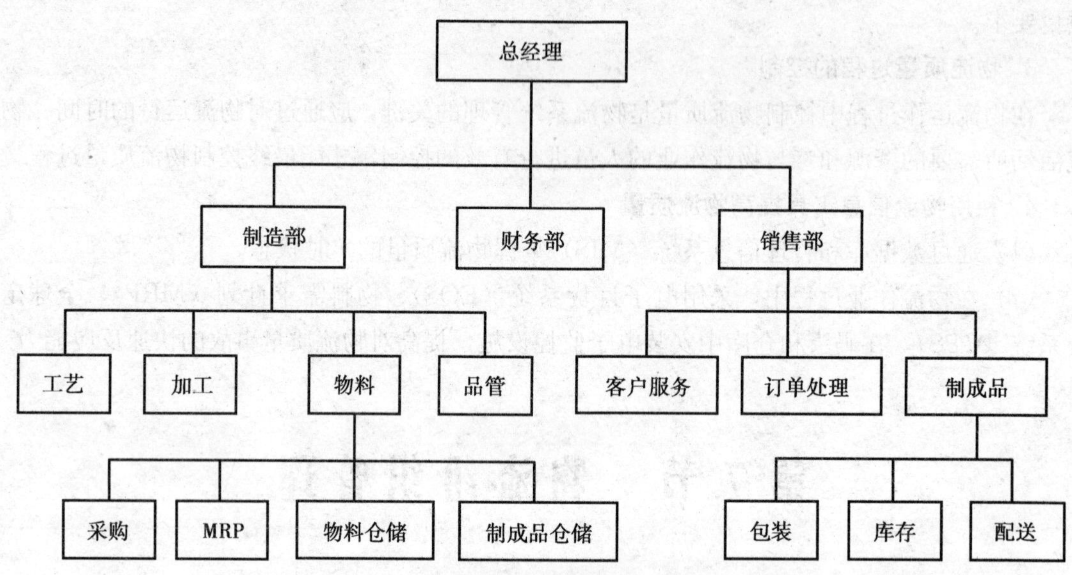

图 4—3　适用中型企业的功能集合型组织

2. 第二阶段——功能独立型物流组织

功能独立型物流组织是从物流效率方面考虑企业整体经营，建立一个专门的物流部门，将企业的主要物料管理和物品配送管理功能独立出来，形成与市场销售，财务和制造相平等的专业部门。这种组织架构的优点是使物流的职能更明确，能够扩大企业物流经营的比重，增加企业物流活动，保证整体生产和营销的协调。

功能独立型物流组织没有改变传统的功能组织设计方法，功能管理和物流现场作业不能完全统一，功能管理与功能执行有时会脱节，不适应巨量化物流和迅速交易。功能独立型组织的缺陷是功能管理与功能操作分离，造成组织职能与物流运作之间的不协调。

功能独立型物流组织的表现是企业专设一名高级主管，专门负责管理相关物流活动，直接协调各项物流运作。功能独立型物流组织是一个过渡，它随企业物流活动扩大和细化，上升到一体化组织结构。图 4—4 所示为功能独立型组织结构。

3. 第三阶段——一体化物流组织

一体化物流组织结构的目的是统一企业所有的物流功能和运作，企业将可操作的物流计划和功能运作归于一个专设的物流经理之下，对所有原材料与制成品存储和运输实行战略管理，指导从原料采购到客户配送中的人力、物力、财力等资源运用的一体化。一体化物流组织在实践中的表现是大型企业的物流子公司。图 4—5 所示为一体化组织结构。一体化物流组织结构的特点是：

（1）物流的每一个业务领域组合构成一个独立的直线运作单元。

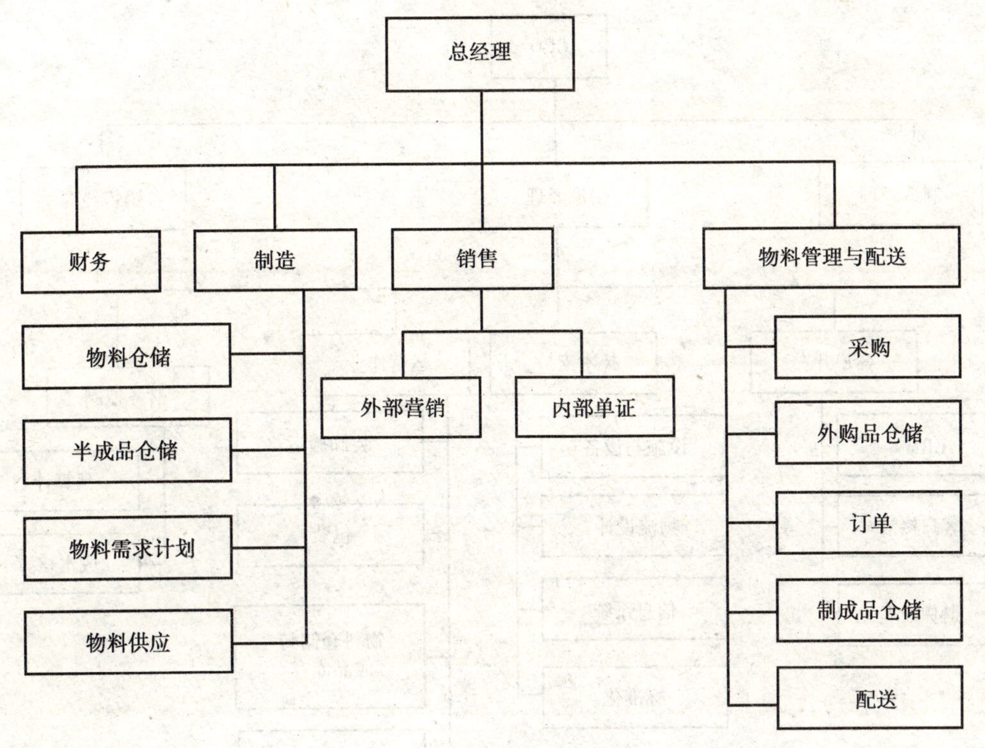

图 4—4　功能独立型组织

（2）制造支持被定位于运作服务，可以在包装、装卸、搬运、物品配送，甚至在采购方面直接支持制造领域的内外作业。

（3）物流信息和监控设在物流一体化组织最高层，增加物流经理对组织的运营能力。

一体化物流组织适合运用在特大型制造业企业与大型流通企业，如外贸集团公司，并且必须以高度的信息化手段进行物流流程的准确和及时控制。

三、第三方物流企业组织

第三方物流企业的组织结构由其资源状况决定，通常有以下 3 种组织形式：

1. 独立资源型

在物流服务中，以自有设施承担第三方物流服务的企业其组织结构如图 4—6 所示。其中，功能包括仓储、包装、运输与配送、流通加工等。

2. 外包资源型

将全部第三方物流业务外包的第三方物流企业等同于货物代理公司，一方面，他们代表物流服务供应商，为货主安排物流服务；另一方面，他们代表货主向物流服务供应商提供物流客户资源。

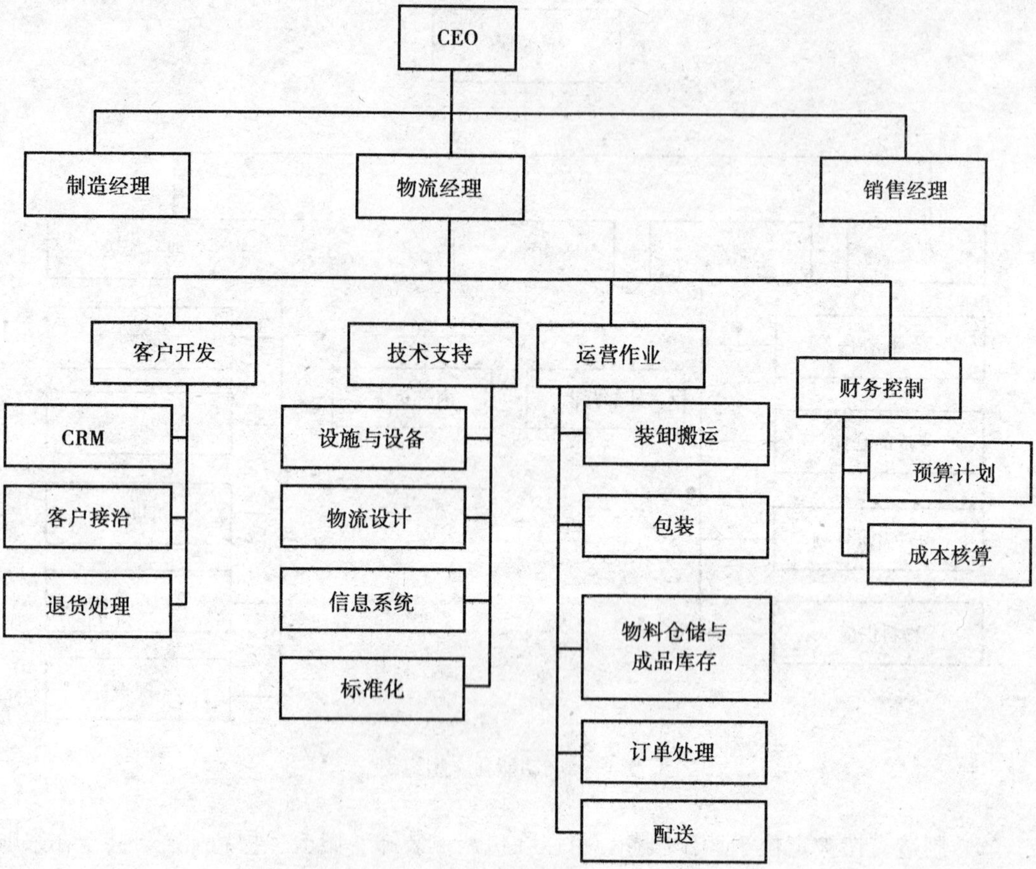

CEO
制造经理
物流经理
销售经理
客户开发
技术支持
运营作业
财务控制
CRM
客户接洽
退货处理
设施与设备
物流设计
信息系统
标准化
装卸搬运
包装
物料仓储与
成品库存
订单处理
配送
预算计划
成本核算

图 4—5　一体化组织结构

总经理
客户服务
功能 A
功能 B
功能 C
财务
用户 1
用户 2
用户 3

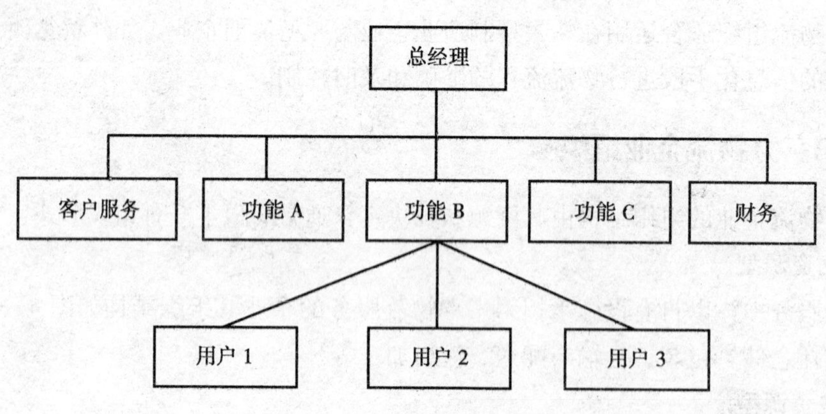

图 4—6　独立资源型组织结构

3. 综合资源型

自身拥有独立的物流硬件和软件服务资源，可以向市场提供第三方物流服务，同时又将一部分客户资源外包出去的是综合资源型第三方物流企业，其组织结构如图 4—7 所示。

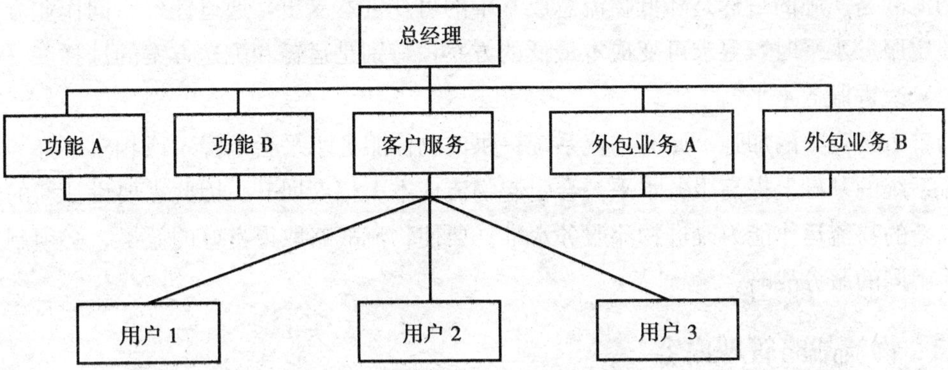

总经理

功能 A

功能 B

客户服务

外包业务 A

外包业务 B

用户 1

用户 2

用户 3

图 4—7　综合资源型组织结构

第 8 节　物流战略管理

一、物流战略管理概念

企业战略是企业发展中的长期目标，并为此确定分阶段实施的步骤。企业战略的主要内容包括企业市场定位战略、企业财务发展战略和企业物流结构战略，制定企业的组织形式。

1. 物流战略管理的定义

物流战略是企业的物流活动在一个周期内的发展方向和内容，它表现在企业的初创时期以及企业转型阶段。

物流战略管理是企业在物流系统的运营过程中，通过物流战略设计、战略实施、战略评价与控制等环节，调整物流资源和组织结构，实现物流系统战略目标的一系列运作过程。

2. 物流战略的目标

物流战略的核心是持续保持和增加企业在物流领域的竞争力。具体表现在以下 3 个方面：

（1）提高投资收益

物流战略设计的目标是物流系统投资回报率高于社会平均收益率。物流系统中的固定资产集中在港口、码头、配送中心和仓库等设施上，对投资资本回报的首要考核是投入与产出的平衡点，即在最短的周期内形成收支平衡。然后是盈利的周期长短，即在多长时间内保持正常的盈利能力。

（2）降低运营成本

物流战略实施的目标是降低物流总成本中的可变资本支出，通过评价不同作业方案，在保持一定服务水平时，寻求可变成本最低的方案，特别是运输和配送方案的选择。

（3）改进服务水平

随着市场竞争的加强，原有物流系统提供的物流服务水平会下降，或相对下降。如果在原物流系统的基础上提高服务水平，会引起物流成本大幅度回升。因此需要设计新的物流系统，以新的物流运作能力改进物流服务水准。要使物流战略取得良好的效果，必须制定与竞争对手不同的服务战略。

二、物流战略管理内容

1. 设施选址战略

（1）区域性物流基地选址

物流基地是区域性货物的集散中心、转运中心和管理中心，比如上海与深圳。物流基地必须具有经济与地理两方面的优势，经济环境是表明物流基地所在区域商业交易与货物集中的优势。自然条件是货物流动依赖地理环境所形成的运输优势。只有在这两大条件下，才能决定区域物流中心的设置。

（2）物流中心选址

物流中心必须选在多样化物流企业集中的地区，能够向周围企业提供综合性的物流服务。例如上海的外高桥保税区和深圳正在建设中的后海物流园区，后者将是世界最大的跨境物流中心区。物流中心的位置必须考虑周围企业所有物品的移动过程和相关成本，包括从工厂、供应商或港口发货途经中转仓库，到达客户指定收货仓库的物品移动过程和成本。

（3）配送中心选址

配送中心是为周边企业与居民提供物流终端服务的，其设置的根据是终端配送的便利和配送的成本。配送中心的位置应方便配送车辆进出快速公路，以减少短途运输的时间成本。

2. 运营战略

运营战略集中反映在客户服务战略、存货战略和运输战略 3 个领域。

（1）客户服务战略

在市场经济环境中，客户服务战略是任何行业战略的首要因素，物流也不例外。物流客户服务战略可以分为以下 3 个阶段：

1）第一阶段——市场进入。在这个阶段，物流企业应在成本控制的范围内，向顾客提供无差别的基本服务。如果不能提供基本服务，该物流企业不应进入这个市场。如果可以提供超出基本服务的内容，则应降低成本，仅仅保持基本服务。在该阶段，物流企业的客户群是一般客户。

2）第二阶段——市场扩张。市场扩张阶段内主要提供无缺陷作业服务，引入增值服务，发展潜力客户。物流企业将增加的成本支出有选择地向客户提供较高级的服务，增加市场份额。

3）第三阶段——市场创新。物流企业的市场创新使其站在整个市场的高端，它成功地对客户实行了有差别的客户服务，带领自己的客户群和其他物流企业，将其所在的整个物流市场推上新的服务平台。在这个阶段，物流企业的成本效益达到高点，物流企业可以有能力采用广告等方式，扩大自己的品牌能力，站在比竞争对手更有利的市场位置。

（2）存货战略

存货战略是存货管理的方式，主要由存货的库存水平和仓库设施的位置组成。

存货水平是企业为维持正常经营设立的库存量。维持企业最低需求的库存为安全库存，它的优点是节省流动资金，减少仓储费用；它的缺点是使企业运营不安全，对市场变动的适应能力低。企业经营所需要的最高库存是经常库存，它是可靠性库存，它的逆效应是库存成本高。在实际管理过程中，一直维持最高的经常库存是一种资源浪费。

存货水平战略是在保持企业较低需求的状态下增加进货频率，以动态流通性存货满足经营的挑战。

销售型仓库首先考虑客户的需求，然后才是运营成本，仓库的地理定位应接近主要的客户群，并接近干线快速公路。

制造型仓库坐落在工厂客户的加权距离中心位置，便于装配和集货运输作业，物品进出量越大的货主企业，其与仓库的距离应越小。反之，物品进出口量不大的货主企业，可以将其与仓库距离放在次要因素考虑。

（3）运输战略

运输战略的基点是将传统的干线端点之间货物位移向终端客户的发货仓和收货仓延伸。一般来说，从干线或端点的货运站到客户指定的发货仓库间的短途集货与配货的单位成本比干线运输单位成本高，因此必须将长距离的干线运输与短距离的配送相结合，降低物品从最初供应方到终端客户间的运输成本。

运输战略包括运输方式、运输批量、运输路线、运输转换和运输时间的选择。随着竞争加剧和运输工具的技术改善，运输战略选择发生变化的周期越来越短，成为运营战略的三项内容中变化最快的因素。

3. 组织战略

根据物流战略调整的物流组织构造有如下 3 种：

（1）以物流功能过程为基础的组织构造

物流战略要求把物流活动作为供应链中主要的增值环节，强调物流的效率。在这种战略之下，物流组织是一种直接经营型组织构造，如图 4—8 所示。

第三方物流企业的组织构造是物流功能过程组织构造的最好模式，随着业务的发展，其功能部门逐步细化。

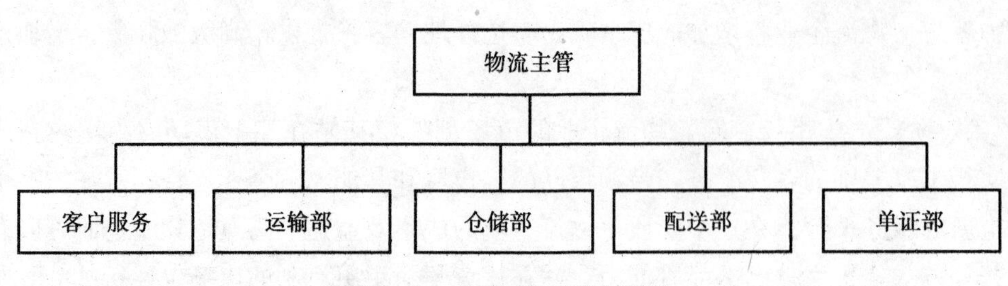

图 4—8　直接经营型组织结构

（2）以客户群为基础的组织构造

以客户为中心的物流战略将不同客户群划分为不同的部门，使区域的物流资源管理差别化，如图 4—9 所示。这种结构适合跨地区运作的物流企业，如零担货物运输公司和远洋运输公司。

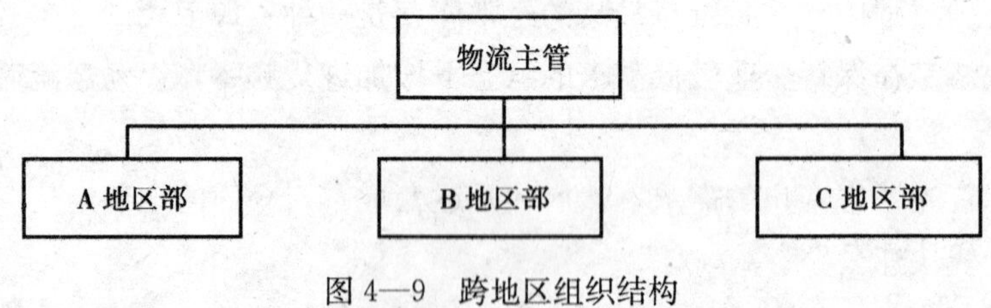

图 4—9　跨地区组织结构

（3）管理职能与运营职能分离的组织构造

对于大型的业务多样化物流企业，物流战略要求将业务运营与管理分开，设立管理部门专责企业的管理，业务部门按分公司的形式独立经营物流业务，如图 4—10 所示。

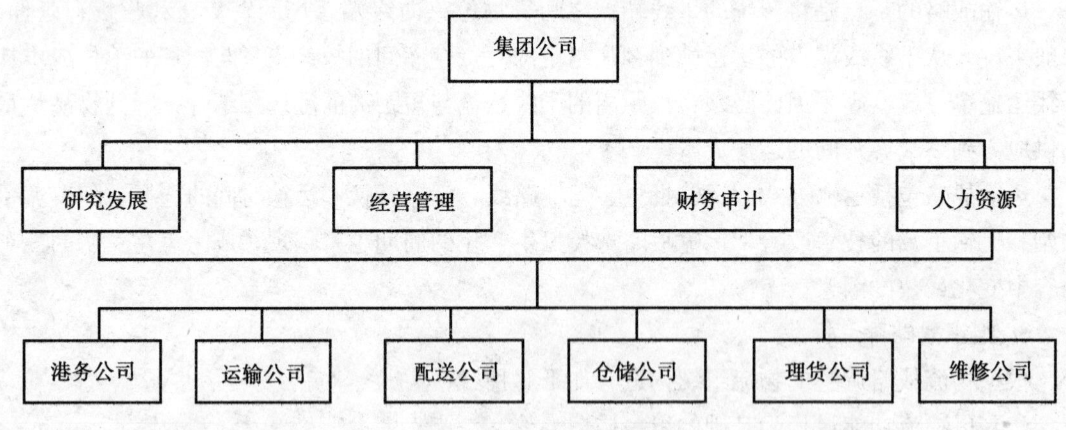

图 4—10　集团公司组织结构

为克服管理部门的形式主义和官僚倾向，管理部门与营运部门之间应有明确的权力界定。管理层执行监督管理和咨询功能，业务部门在日常业务运作中享有很大的独立性。

第5章 物流装备与标准化

物流装备是指物流运营中使用的设施、设备和工具。物流装备包括仓储装备、运输装备、分拣装备、集装装备、装卸搬运设备、包装装备和物流信息装备。

第1节 物 流 装 备

一、仓储装备

仓储装备包括货架、仓库及库内辅助设备。

1. 货架

(1) 货架的作用和分类

1) 货架的作用。货品在货架上分层存放，可充分利用仓库空间，提高库容利用率，扩大仓库储存能力；存入货架中的货品，互不挤压，货品损耗小，可完整保证货品本身的性能，减少货品的损失；货架中的货品，存取方便，便于清点及计量，可做到先进先出。

2) 货架的分类。货架按结构特点分为层架、层格架、橱架、抽屉架、悬臂架、三脚架、栅型架；按可动性分为固定式货架、移动式货架、旋转式货架、组合货架、可调式货架、流动储存货架等。

(2) 常用货架

常用货架示意图如图5—1所示。

1) 层架

①结构。层架由立柱、横梁、层板构成，架子本身分为数层，层间用于存放货品。

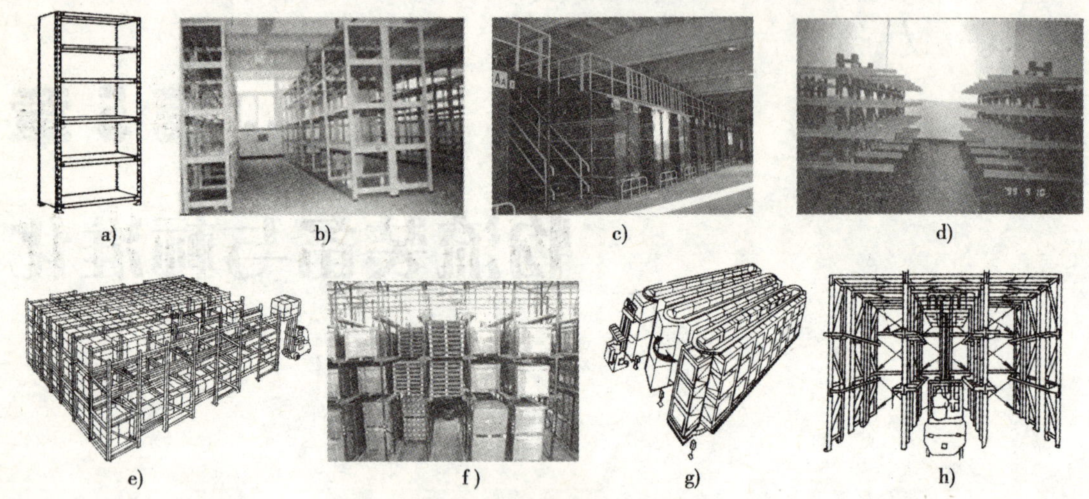

图 5—1　常用货架的示意图

a）层架　b）托盘货架　c）阁楼式货架　d）悬臂式货架

e）重力式货架　f）移动式货架　g）整体旋转式货架　h）驶入式货架

②特点。层架结构简单，适用性强，存取作业方便，但存放货品的数量有限，是人工作业仓库主要存储设备。轻型层架主要适合人工存取作业，其规格尺寸及承载能力都与人工搬运能力相适应，高度通常在 2.4 m 以下，厚度在 0.5 m 以下。

③用途。轻型层架用于小批量、零星收发的小件货品的储存，中型和重型层架则要配合叉车等储存大件、重型货品。一些层架具有特殊的保管功能，如加密锁、恒温等。

2）托盘货架

①结构。货架结构多采用杆件组合，这样不仅拆迁容易，层间距还可依码货高度调整。通常总高度在 6 m 以下，架底撑脚需要装叉车防撞装置。

②特点。托盘货架结构简单，可调整组合，安装简易；出入库不受先后顺序的限制；托盘装载不同货品时可立体存放，库容率较高。为存储作业的经济合理化，每一个托盘占一个货位。存取作业时，较高的托盘货架使用堆垛起重机存取，较低的托盘货架可用叉车存取。

③用途。托盘货架专门用于承载标准托盘包装货物。

3）阁楼式货架

①结构。阁楼式货架是由上下两层堆叠制成阁楼布置的货架，其结构有的由底层货架承重，上部搭置楼板，形成一层新的库面；有的是由立柱承重，上部搭置楼板形成库面。

②特点。可充分利用空间，适合多品种少批量存储，也可用于旧库改造，采用阁楼式货架后，几乎可成倍提高原有仓库利用率。阁楼式货架的缺点是存取作业效率较低。

③用途。阁楼式货架通常上层适用于存放较轻的货品，下层适合存放较重的货品。货品提升可用输送机、提升机、电葫芦、叉车或升降台。在阁楼上面可用轻型小车或托盘牵引车

进行货品的堆码。

4）旋转式货架。旋转式货架是一种拣选型货架，货架可以水平、垂直、立体方向回转，货品随货架移动到操作者面前，而后被操作者选取。存取货品时，把货品所在货格编号由控制盘按钮输入，该货格则以最近的距离自动旋转至拣货点停止。

旋转式货架的货格样式很多，有提篮状、盆状、盘状等。根据旋转方式的不同，可分为垂直旋转式、水平旋转式和整体旋转式。

5）其他形式货架。

①悬臂式货架。开放式结构，用于存放长条形材料。

②移动货架。用于高密度、小空间存放，如图书馆。

③重力式货架。货架的每一层隔板与水平面均有一定的倾斜角度，托盘或箱装货品便会由重力作用自动向低端滑移。重力式货架能保证货品的先进先出，适用于大量存储的场所，也适用于配送中心、商场的拣选配货。

④驶入式货架和驶出式货架。货架采用钢质结构，钢柱上一定位置上有向外伸出水平突出的构件或悬轨，用于存放货品，叉车可通过货架的通道进行存取作业。驶入式货架和驶出式货架能起到保管场所及叉车通道的双重作用，属高密度配置。货架的高度可达 10 m，库容利用率可高达 90％以上，适用于大批量少品种配送中心使用。

⑤组合式货架。货架基本构件是带孔型钢的钢立柱，再加以横梁、搁板和其他各种附件，可组成通用性很强的各种货架。它的主要特点是安装和拆卸快速、简便。

（3）货架的货格

货架横梁和竖架之间的储存空间称为货格。货格尺寸由堆放货品的大小来决定，如堆放托盘货品，上部和左右的间隙各为 150 mm。

普通货架的规格包括货格尺寸（宽×深×高）、货架层数、每一货格的容许荷载。

货架储存系统的规模以“排数×列数×层数”来表示，三者的乘积即是货格的总数。货格的位置也可用其所在排、列和层的序数来表示。在现代仓储管理中，货格一般都以位置作为编号。

2. 仓库

（1）仓库概述

仓库是保管、存储货品的建筑物和场所的总称，其具体形式有库房、料棚、货场等。

按照仓库设备的不同，仓库分为一般平放仓库、料架仓库、自动化立体仓库和多层式仓库。

（2）仓库的常用参数

1）库房面积利用率。指实际存放货品所占的平面面积与使用面积之比。该参数表示仓库实际使用面积被有效利用的程度。

2）仓容。仓库中可以存放货品的最大数量，以重量单位（t）表示，该参数反映了仓库的最大存储能力。

$$仓容=仓库使用面积（m^2）\times单位面积储存定额（t/m^2）$$

3）仓容利用率。仓库实际存放货品量与仓容的百分比，一般以年平均值为考核计算依据，它反映仓容利用率的高低。

4）仓库周转系数。是年入库总量或年出库总量与年平均库存之比，它反映仓库动态情况，是生产性仓库和流通性仓库的重要指标。在年入出库总量一定情况下，提高周转次数，则可降低静态库存的数量，从而用较小的仓库完成较大的任务。

3. 自动化立体仓库

（1）自动化立体仓库概述

1）自动化立体仓库的概念。自动化立体仓库是指采用高层货架以货箱或托盘储存货品，用巷道堆垛起重机及其他机械进行作业，由电子计算机进行管理和控制，不需人工搬运作业，而实现收发作业的仓库，如图 5—2 所示。

图 5—2　自动化立体仓库

自动化立体仓库的功能包括自动收货、存货、取货、发货和信息查询等。收货指仓库从供应方接受各种产品、材料或半成品，收存入仓库的过程。收货时将信息输入计算机，生成管理信息，由自动控制系统进行货品入库的自动操作。存货指自动化系统根据仓储管理系统的指令自动将货品存放到规定的存放位置。取货是指自动化系统根据指令从库房的货架上取出所需货品。信息处理是指随时查询仓库的有关信息和伴随各种作业产生的信息报表和单据。

自动化立体仓库按照仓库建筑形式可以分为分离式、一体式自动化立体仓库；按照储存货品的特性可以分为常温、低温、防爆型自动化立体仓库；按照库内货架形式来划分，可分为单元货架自动化立体仓库、重力式货架自动化立体仓库、循环货架自动化立体仓库等。按照在物流系统中的作用分类可以分为生产性仓库和流通性仓库。

2）自动化立体仓库的主要优点

①高层货架存储，节省了库存占地面积，提高了空间利用率。自动化立体仓库的单位面积存储量可达 7.5 t /m²，是普通仓库的 5～10 倍。

②自动存取，作业效率高。自动化立体仓库使用机械和自动化设备，运行和处理速度快，劳动生产率高，并且可有效降低操作人员的劳动强度。

③计算机控制，运行准确、可靠。计算机控制能够有效地减少货品处理和信息处理过程中的差错。利用计算机管理可以合理分配货位，有效地利用仓库存储的能力；便于清点和盘库；加快存储占用资金的周转，节约流动资金。

④自动化立体仓库可以适应黑暗、低温、污染、有毒和易爆等特殊场合的货品存取需要。自动化立体仓库的弱点是固定资产投资高，操作、维护和保养要求高，作业流程要求严

格，弹性小，柔性差，整体配套要求高。

（2）自动化立体仓库的基本设施

自动化立体仓库基本设施包括：土建及公用工程设施、机械设施和电气设施。

1）土建及公用工程设施。主要包括厂房、消防系统、照明系统、通风及采暖系统、动力系统、给排水设施、避雷接地设施和环境保护设施等。

2）机械设施。包括高层货架、巷道堆垛起重机和出入库运送搬运机械等。

①高层货架。采用单元货格式货架、重力式货架和旋转式货架。高层货架每两排合成一组，每两组货架中间设有一条巷道，供巷道堆垛起重机和叉车行驶作业，每排货架分为若干纵列和横排，构成货格或存货位，用于存放托盘或货箱。

②巷道堆垛起重机。巷道堆垛起重机由机架、运行机构、升降机构、货叉伸缩机构、电气控制设备组成，又称为巷道堆垛机（见图 5—3），其主要用途是在高层货架的巷道内运行，将位于巷道口的货品存入货格；或者相反，取出货格内的货品运送到巷道口。巷道堆垛机可以整体沿货架间的轨道水平方向移动，其载货平台可以沿堆垛机支架上下垂直移动，载货平台的货叉可借助伸缩机构向平台的左右方向移动，实现所存取货品的三维移动。巷道堆垛机的额定载重一般为几十公斤到几吨，其中使用 0.5 t 的最多。其行走速度一般为 4～120 m/min，提升速度一般为 3～30 m/min。

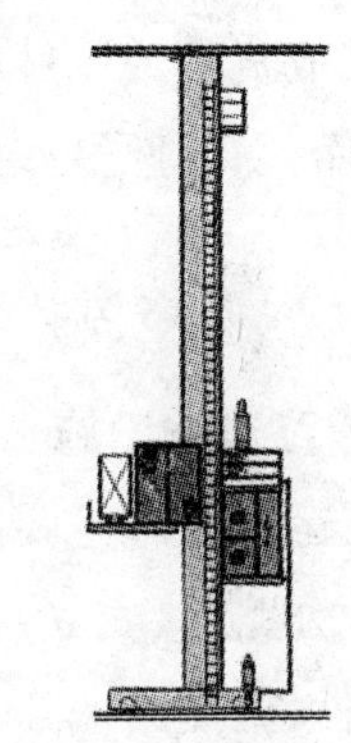

图 5—3　巷道堆垛起重机

③出入库运送搬运机械。主要分为无动力式和动力式。其中，无动力式又分为辊筒式、辊轮式两种；动力式分为辊子、链条和皮带输送机。出入库运送和搬运的设施还包括自动导向车、叉车、托盘、装卸机械手等。

3）电气与电子设施。自动化立体仓库中的电气与电子设施主要包括检测装置、信息识别装置、控制装置、通信设备、计算机管理设备、大屏幕显示、图像监视等设备。检测装置主要用于检测仓储装备各种物理参数和仓库环境的化学参数，以实现对自动化立体仓库中各种作业设备的控制，并保证系统安全可靠地运行。信息识别设备主要完成对货品品名、类别、货号、数量、等级、目的地、生产厂家以及货位地址的识别。经常采用的信息识别装备有条码数据采集器、射频发射和接收器等。条形码识别技术在自动化立体仓库中应用最普遍。

（3）自动化立体仓库的信息管理系统

自动化立体仓库的信息系统包含系统维护、需求量管理、订货管理、存储管理、不合格品管理、库存管理等子系统。

1）系统维护。对系统进行初始化，设置各种编码和处理方式，包括设置拼盘方式、出入库方式、批量方式和日期、数据库、货位编码进行初始化。

2）需求量管理子系统。根据生产计划、销售状况、库存情况、货品清单、日期等信息确定物料需求数量和时间。

3）订货管理子系统。制作订单，录入合同，管理进货日程，统计合同并为管理者提供供货单位的信誉、供货能力和生产技术信息等基本档案资料。

4）不合格品管理子系统。管理零件到厂或货品到公司后的各种不合格品，根据从入库验收、生产和销售中返回的不合格品，生成追讨单和赔付单，将不合格品从库存中扣除。

5）存储管理子系统。该子系统提供存储管理中的各种功能，包括货位管理、入库管理、出库管理和盘库管理的子系统。货位管理对入库件分配合理货位，对全库划分内部作业区，确定每种零件或货品的托盘的件数。倒盘库管理按要求对全库进行盘点，根据货位管理提供的信息完成货品或零件的倒库，并记录和维护有关的数据资料。

6）库存管理子系统。完成库内货品统计、库存状况分析、ABC分类管理。

二、运输装备

1. 道路运输设施

道路运输设施主要由公路、车辆和汽车站3部分组成。

（1）公路

公路根据使用任务、功能和适应的交通量分为高速公路、一级公路、二级公路、三级公路、四级公路5个等级。

（2）车辆

1）货车种类。货车分为普通载货汽车、厢式货车、专用载货汽车、牵引车和挂车，如图5—4所示。

a)　b)　c)　d)

图5—4　公路运输车辆

a）普通货车　b）厢式货车　c）牵引车　d）挂车

①普通载货汽车。按其载货量的不同分为小型、中型和重型3类。小型货车载货吨位在2 t以下，多为低货台，人力装卸较方便，主要用于市内集货、配送运输。中型货车载货在2～8 t之间，主要用于市内运输，在我国城市之间、乡村地区使用较多。重型货车载货在8 t以上，一般是高货台，主要用于长途干线运输。

②厢式货车。具有载货车厢且有防雨、隔绝等功能，安全性好，可防止货品散失、盗失

等，但由于自重较重，无效运输比例较高。厢式货车按开门方式分为后开门式、侧开门式、两侧开门式、侧后双开门式、顶开式和翼式等许多种类型。后开门式适用于后部装卸，方便手推车进入，车厢与站台接靠，占用站台位置较短，有利于多车辆装卸；侧开门适用于边部叉车装卸，火车侧部与站台接触，占用站台长度较长；顶开式适用于吊车装卸；翼式适用于两侧同时装卸。

2）汽车的使用性能

①容量。表示汽车能同时装载货品的数量，由容积和载重两方面决定。

②动力性。主要反映在汽车的最高速度、最大爬坡度等方面。

③通过性。指汽车通过恶劣路面和跨越障碍的能力，主要反映在转弯半径、接近角、离去角的大小等方面。

④安全性。指汽车保证运行安全的能力，主要反映在车辆的稳定性和制动性两方面。

⑤经济性。指汽车耗油方面的特性，主要由千米油耗的高低表示。

（3）汽车站

汽车站的功能主要是对汽车运输活动进行组织管理和为运输车辆提供后勤供应、技术保障。根据运输对象的不同，汽车站分为客运站和货运站两种基本类型。

货运站是办理货品运输业务的车站。货运站的主要功能是为车辆提供后勤和技术服务、办理运输手续、对运输进行指挥调度，由停车场、维修场地、油库和货运业务区 4 部分组成。汽车货运站内不进行货品的装卸作业，装卸作业都是在货主仓库内进行的。

公路运输能实现“门到门”运输，生产过程的组织简单灵活，在运力运量基本平衡的情况下能做到随到随运。公路旅客运输主要采取班车的形式，定线、定站、定时、定车型运行。

2. 水路运输

水路运输系统技术设施主要由船舶、港口和航道 3 部分组成。

（1）船舶

1）船舶技术指标

①航行性能。指船舶抗拒风浪、急流、险滩等恶劣情况的能力，包括浮性、稳性、抗沉性、快速性、适航性和操纵性。

②重量性能。主要指船舶的排水量和载重量。排水量指船舶浮于水面时所排出水的重量，亦等于船的总重量，包括空船排水量和满载排水量两个指标。

③船舶的容积性能。船舶货舱实际能够容纳货品的空间。货舱容积根据装运货品的方法不同可以分为散装仓容和包装仓容两种。散装仓容指货舱内能够装载散货的货舱容积；包装仓容指货舱内能够装载件货的货舱容积。

2）船舶种类

①集装箱船。专用装载集装箱或混装集装箱的高速货船，各种货品在装船前先已装入集

装箱内，集装箱的装卸通常由岸上起重机进行。集装箱船不配备装卸设备。集装箱船的载货量以运载标准集装箱的数量来表示船只的大小。集装箱船的船速多在 20 kn（1 kn＝1.85 km/h）以上，最高达 33 kn。

②散装货船。专门用来装运谷物、煤炭、矿石、盐等散装货品的船只。散装货采用抓斗进行装卸作业，以适应散装货品的流动、散落特性。散货船的载重量为 3 万～30 万 t，航速为 15～16 kn。

③油轮。是用来专门装运散装石油（原油及石油产品）类、液体货品类的船舶，是远洋运输中的持大型、大型船舶。油船上的液体通过油泵和输油管进行装卸，油船上不设吊货杆或起货设备。油船载货量在 20 万～30 万 t，超大型油船已达 50 万 t 以上，航速在 15～17 kn。

④滚装船。是专门用来装运以载货车辆为货品单元的航船，各种货品在装船前已装在牵引汽车上，由牵引车牵引通过跳板完成装卸作业。滚装船吨位在 5 000～26 000 t，航速为 18～22 kn。水运主要船舶如图 5—5 所示。

a)

b)

c)

图 5—5　水运主要船舶

a）集装箱船　b）散装货船　c）滚装船

（2）港口

港口是供船舶停靠、集散客货、为船舶提供各种服务，具有综合功能的场所。港口主要有运输功能、服务功能、工业功能和商业功能。

（3）航道

航道是能供船舶安全航行的通道。航道分为自然形式和人工开挖两种。为使船舶能安全航行，航道应有足够的水深、宽度和适当的转弯半径、净空，并设有航标等导航设备。

（4）水运航线

航线是指船舶在两个或多个港口之间从事客货运输的路线。水运航线由航道、航标和灯塔构成。航道是以水上运输为目的所规定或设置（包括建设）的船舶航行通道，是具备一定深度和宽度的适运航水体。航道的航运条件由深度、宽度、曲度、流速、流向和流态 6 个因素组成；航标是河流、湖泊、运河、水库等水域中的导航设施，起准确标示航道的方向、界限、航道内其他附近的水上或水下障碍物和建筑物，揭示出航道的最小深度及供船舶测定方位之用；灯塔主要用于海上航运，起船舶测定方位及向船舶提供即时航运环境信息的作用。

海运航线分为以下 3 类：根据航运的范围分为国际大洋航线、地区性国际航线和沿海航线；按船舶运行形式分为定期航线和非定期航线；按海运的航程分为近海航线和远洋航线。

3. 铁路运输

铁路运输系统技术设施主要由线路、机车车辆、信号设备和车站 4 部分组成。

（1）线路

线路是列车运行的基础，承受列车重量，并且引导列车的行走方向。线路由路基、桥隧建筑物和轨道 3 部分组成。路基的作用主要是承受轨道、机车车辆及其载荷的压力；桥隧使铁路能够跨越河谷（桥梁、水下隧道）、穿过山岭（隧道）等障碍物；轨道的作用是直接承受车轮压力和冲击力将其传给路基，并引导车轮的运行方向。轨道又由钢轨、轨枕、道岔、道床、联结零件和防爬设备组成。

（2）机车车辆

包括机车和车辆两部分。机车的种类有蒸汽机车、内燃机车和电力机车。目前，我国铁路运输以电力机车为主。车辆主要用于承载货品和旅客，无动力，需由机车牵引。货运车辆的种类有棚车、敞车、平车、罐车、保温车、特种车等，如图 5—6 所示。

a)

b)

c)

d)

图 5—6　铁路主要货运车辆

a）电力机车　b）内燃机车　c）敞车　d）棚车

平车是铁路上大量使用的通用车型，无车顶和车厢挡板，主要用于装运大型机械、集装箱、钢材、大型建材等。敞车也是铁路上的一种主要车型，无车厢顶，设有车厢挡板，有高挡板、低挡板等不同类型，主要装运建材、木材、钢材、袋装、箱装杂货和散装矿石、煤炭等货品。棚车是铁路上主要的封闭式车型，较多采用侧滑开门，主要装运防雨、防潮、防丢失的较贵重货品。罐车是铁道上用于转运气、液、粉等货品的专用车型。

（3）列车

按规定和计划把若干节车厢编挂在一起并挂上机车，就形成一列列车，铁路运输是以列车的形式进行的。铁路货运列车一般载重 3 000 t 左右。信号设备的作用是保证列车运行安全和提高铁路的通过能力，它包括铁路信号、联锁设备和闭塞设备。

1）铁路信号。是列车运行和调车工作的命令。我国规定用红色、黄色和绿色作为信号的基本颜色，红色表示停车，黄色表示注意或减速慢行，绿色表示按规定的速度运行。铁路信号按信号形式可以分为视觉信号和听觉信号两大类，按设备形式可以分为固定信号、移动信号和手势信号 3 类。

2）联锁设备。用以保证站内列车运行和调车作业的安全，以及提高车站的通过能力。

3）闭塞设备。是用来保证列车在区间内运行安全的区间信号设备。

（4）车站

车站是铁路办理客货运输的基地，是铁路系统的基层生产单位。车站按技术作业的不同可以分为编组站、区段站、中间站；按业务性质又可分为货运站、客运站、客货运站。

铁路运输的计划性很强，为了提高线路的通过能力，组织安全运输和全路各部门的协调生产，生产过程实行集中统一指挥。由铁道部统一编制列车运行图和编组计划。

铁路列车运行图是列车运行时刻表的图解表示格式。列车运行图规定了各次客货列车占用区间的次序，规定了列车由每个车站出发、通过和到达的时刻，规定了列车在区间的运行时间以及列车在车站的停车时间标准等，从而也就同时规定了铁路技术设备如线路、站场、机车车辆等的运用。

4. 航空运输

航空运输装备由航空港、航空线网和机群 3 部分组成。

（1）航空港

航空港即机场，由飞行区、运输服务区和机务维修区 3 部分组成。

（2）航空线网

航空线网由航线、航路组成。航线是飞机飞行的路线，民航从事运输飞行必须按照规定的线路进行；航路是根据地面导航系统建立的走廊式保护空域，供飞机作航线飞行之用，有多条航线公用的空中通道。航路对空间宽度、高度、层都做了规定，以维护空中交通秩序，保证飞行安全。

（3）飞机

飞机用于装载旅客与货品，客货两用飞机的下层舱为货舱，货机在定期航线上专门运输货物。

5. 管道运输系统

管道运输系统由管线和管线上的各个站点组成。

（1）管线

管线一般用钢质的管道焊接而成，能承受较大的压力。根据运输货品的种类和运量的不同，管径、管道压力有大有小。

（2）站点

站点分为首站、中间站和末站 3 种。

1）首站。首站位于管线的首端，其作用为汇集货品并将其变成流体（气体、液体货品不用）然后加压送往中间站。

2）中间站。中间站位于管线上首站和末站之间，长距离运输时中间站不止一个，中间站的作用主要是给管线加压，为管道运输提供能量。

3）末站。末站位于管线的末端，其作用是接收管道输送的货品，然后送往使用单位或用其他运输方式转运出去。

管道运输物品主要是原油。首站设在油田附近，开采出来的原油经计量、脱水、脱杂质，必要的话再给原油加热，然后送往管道加压输送往中间站，中间站给管道加压，恢复其流动所需能量，经过一站一站接力将货品运往末站。末站设在炼油厂或港口附近，用容器将原油收集，然后用管线或其他运输工具将原油转运出去。

三、集装装备

集装是将许多单件货品通过一定的技术措施组合成尺寸规格相同、重量相近的大型标准化的组合体，这种大型的组合状态称为集装。

集装的主要特点是集小为大，按照标准化、通用化原则将中、小件散杂货集成为一个运输体（货载），减少了装卸次数，促使装卸合理化和包装合理化，大大方便了运输及保管作业，集装是物流现代化的重要标志。

1. 托盘

（1）托盘概述

托盘是用于集装货品的水平平台装置，在平台上集装一定数量的单件货品，并按要求捆扎加固，组成一个运输单位。托盘的下面有供叉车的叉入并将托盘托起的叉入口，叉车与托盘的配合使用可形成机械化、高效的装卸搬运系统，大大缩短货运时间，减小劳动强度。

托盘本身具有自重量小、返空容易、装盘容易、装载量适宜、组合量较大、节省包装材料、降低包装成本的特点。

常见的托盘有平托盘、立柱托盘、箱式托盘、滑片托盘、轮式托盘、专用托盘。其中，平托盘使用量最大，是通用托盘，其台面有单面形、单面使用形和双面使用形、翼形 4 种。托盘的材料可为木制、钢制、铝合金、胶合板、塑料、纸板、复合材料等。立柱式托盘在托盘上部的 4 个角有固定式或可卸式的立柱，有的柱与柱之间有连接的横梁，使柱子成门框形，适宜装运袋装货品，防止托盘上放置的货品在搬运、装卸等过程中发生塌垛和滑落。各种常见托盘如图 5—7 所示。

（2）托盘规格

我国 GB/T 2934—1996 规定了联运通用平托盘的尺寸为 800 mm×1 200 mm、800 mm×1 000 mm 和 1 000 mm×1 200 mm 共 3 种，载重量均为 1 t。

（3）托盘使用要点

托盘的使用主要涉及装盘码垛、堆垛货品的紧固和托盘的维护 3 个方面。

1）装盘码垛方法。码垛的方式有重叠式、纵横交错式、旋转交错式和正反交错式 4 种，

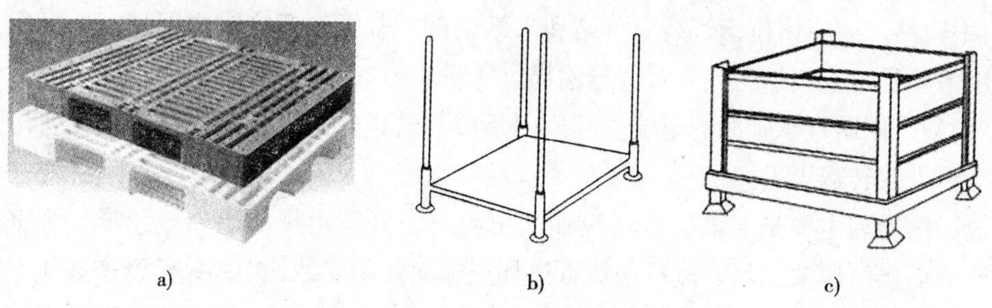

图5—7　平托盘

a）塑料平托盘　b）立柱托盘　c）箱式托盘

如图5—8所示。

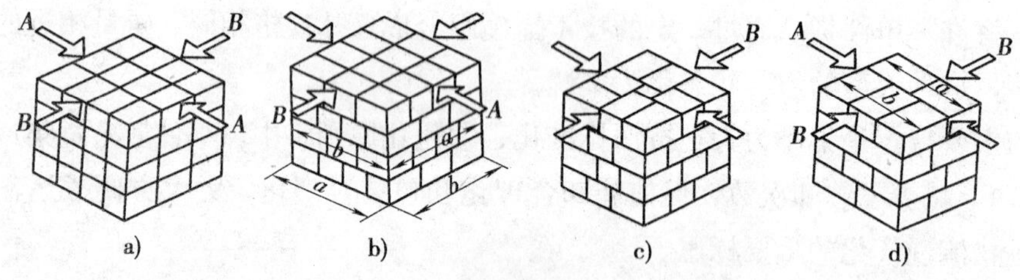

图5—8　托盘集合包装方式

a）重叠式　b）纵横交错式　c）旋转交错式　d）正反交错式

①重叠式。各层码放方式相同，上下对应，各层之间不交错堆码。

②纵横交错式。相邻两层货品的摆放旋转90°角，一层成横向放置，另一层成纵向放置，层间纵横交错堆码。

③旋转交错式。第一层相邻的两个包装体都互为90°角，两层间的码放又相差180°角。

④正反交错式。同一层中，不同列的货品以90°角垂直码放，相邻两层的货品码放形式是另一层旋转180°的形式。

2）托盘的紧固方法。托盘货体的紧固是保证货体稳固性、防止塌垛的重要手段。托盘货体紧固方法有如下10种：

①捆扎。用绳索、打包带等对托盘货体进行捆扎以保证货体的稳固。

②网罩紧固。加网罩紧固，主要用于装有同类货品托盘的紧固，多见于航空运输。

③加框架紧固。框架紧固是将框架加在托盘货品相对的两面或四面以至顶部，再用打包带或绳索捆紧以起到紧固货品的作用。

④中间夹摩擦材料紧固。将具有防滑性的纸板、纸片或软性塑料片夹在各层容器之间，以增加摩擦力，防止水平滑移。

⑤专用金属卡具固定。对某些托盘货品，最上部如可伸入金属夹卡，则可用专用夹卡将相邻的包装物卡住，以便每层货品通过金属卡具成为一个整体，防止个别货品分离滑落。

⑥黏合。在每层之间贴上双面胶条，可将两层通过胶条黏合在一起，这样便可防止托盘上货品从层间滑落。

⑦胶带粘扎。托盘货体用单面不干胶包装带粘捆。

⑧平托盘周边垫高。将平托盘周边稍微垫高，使托盘上的货品向中心互相依靠，起到稳固作用。

⑨收缩薄膜紧固。将热缩塑料薄膜套于托盘货体上，然后进行热缩处理，塑料薄膜收缩后，便将托盘货体紧箍成一体。

⑩拉伸薄膜紧固。用拉伸塑料薄膜将货品和托盘一起缠绕包裹，当拉伸薄膜外力撤除后，收缩紧固托盘货体形成集合包装件。

3）正确使用托盘方法

①承载物应均匀平整地摆放在托盘上，保证托盘表面均匀受力。

②在使用叉车提升货品前，应保证叉车工作臂完全进入到托盘内（工作臂进入深度不应低于托盘 2/3 深度），提升货品时应保证叉车工作臂保持水平。

③使用叉车时，切勿直接推拉或撞击托盘，严重碰撞会令托盘损毁。

④员工工作时切勿站立在托盘上，以免产生危险。

2. 集装箱

（1）集装箱概述

1）集装箱定义。集装箱是大型标准化能反复使用的载货容器。集装箱运输是将货物装在集装箱内，以其作为一个货物单元，进行装卸、运输的工艺和组织形式。

2）集装箱的种类。按集装箱的用途分为通用集装箱与专用集装箱，按材料分为钢质集装箱和铝合金集装箱。典型集装箱有杂货集装箱、散货集装箱、冷藏集装箱。

①杂货集装箱是干货型通用集装箱，占全部集装箱总数的 80%以上，适用于装载除流体货和需要调节温度的货品外的一般杂货，如图 5—9a 所示。

②散货集装箱适用于装载豆类、谷物、硼砂、树脂等各种散堆颗粒状、粉末状物料，可节约包装且提高装卸效率，如图 5—9b 所示。

③冷藏集装箱分两种：一种是箱内带有冷冻机的机械式冷藏集装箱，另一种是箱内没有冷冻机而只有隔热结构的离合式冷藏集装箱，如图 5—9c 所示。

3）普通集装箱的结构。普通集装箱的结构主要由角配件、角柱、上（下）横梁、上（下）侧梁、顶（底）板、顶（底）梁、叉槽、侧（端）壁板、侧（端）柱、门楣、端（侧）门、门铰链、门把手、锁扦凸轮、把手锁件、门锁杆托架和箱门搭扣件等部件构成。角配件位于集装箱八个角端部，用于支承、堆码、装卸和栓固集装箱。角配件在三个面上各有一个长孔，孔的尺寸与集装箱装卸设备上的旋锁相匹配。

（2）我国集装箱规格

我国的集装箱的重量系列采用 5 t、20 t、10 t、30 t 四种，相应的型号为 5D、10D、

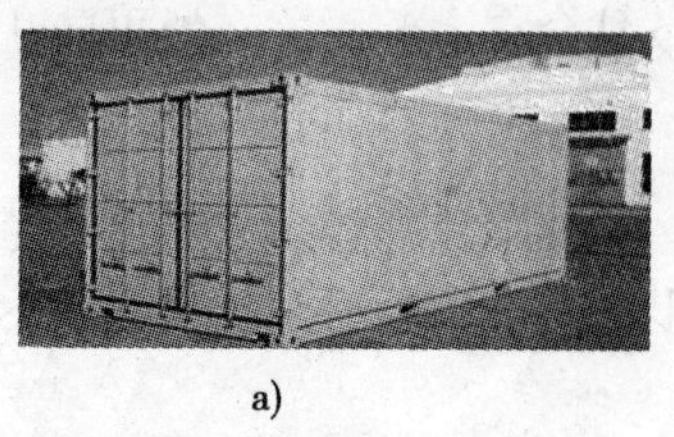

a)

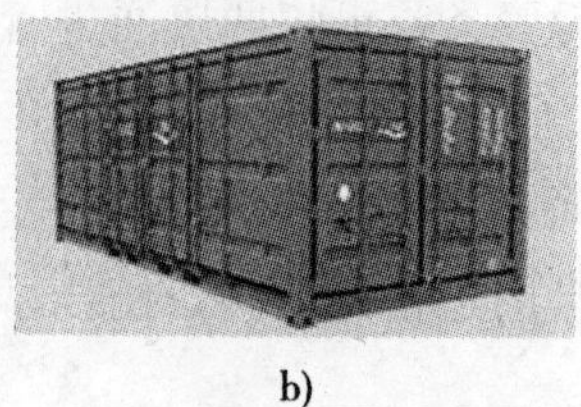

b)

c)

图 5—9　几种常见的集装箱

a）杂货集装箱　b）散货集装箱　c）冷藏集装箱

1CC、1AA。5 t 和 10 t 集装箱用于我国铁路运输，20 t（1CC）和 30 t（1AA）主要用于公路、海运和国际运输。这四种集装箱外部尺寸、重量系列以及最小内部容积见表 5—1。

表 5—1　　我国集装箱尺寸和重量系列

型号		1AA	1CC	10D	5D
外部尺寸（mm）	高	2 591	2 591	2 438	2 438
	宽	2 438	2 438	2 438	2 438
	长	12 192	6 058	4 012	1 968
重量（kg）		30 480	20 320	10 000	5 000
最小内部容积（m^3）		65.7	32.1	19.6	9.1

注：1. 尺寸以温度 20℃时测量的数值为准，在其他温度下测得的尺寸，要做相应修改。

2. 专用集装箱宽度和长度应符合表中的规定，其高度可根据货品的密度决定，但最高不得超过 2 591 mm。

3. 上述标准适用铁路、水路和公路运输的货品集装箱。

（3）国际集装箱标记与识别

根据 ISO 790—73 和我国国家标准（GB/T 1836—97）的规定，集装箱的标记内容包括必备标记和自选标记两部分。

1）集装箱必备标记的内容

①箱主代号。是表示集装箱所有者的代号，箱主代号用 4 个英语字母表示，前 3 位由箱主自己规定，第 4 个字母用 U 代表国际标准集装箱，如“COSU”表示此集装箱为中国远洋运输公司所有。国际流通中的集装箱，箱主代码应向国际集装箱局登记并核准。

②顺序号。为集装箱编号，按国际标准用 6 位阿拉伯数字表示。

③核对号。用于计算机核对箱主号与顺序号记录的正确性。核对号位于顺序号之后，用 1 位阿拉伯数字表示，并加方框以醒目。

④最大重量和自重。最大重量又称额定重量，是集装箱的自重与最大允许装货重量之和。任何类型的集装箱装载货品后，都不能超过这一重量。集装箱最大重量和自重的标记要求用千克（kg）和磅（lb）两种单位同时标出。

2）自选标记的内容

①国家代号。用 2 位英语字母表示，说明集装箱的登记国。如 CN 表示中华人民共和国，US 表示美国。

②尺寸代号。由 2 位阿拉伯数字组成，用于表示集装箱的尺寸大小。

③类型代码。由 2 位阿拉伯数字组成，说明集装箱的类型。

四、装卸搬运设备

1. 叉车

叉车是最常用的具有装卸、搬运双重功能的装卸搬运装备。按动力方式叉车分为发动机式叉车、电动机式叉车、手动式叉车；按特性及功能分为平衡重式叉车、前移式叉车和侧叉式叉车 3 种类型。除此之外，还有插腿式叉车、集装箱叉车、拣选叉车、步行式叉车、堆垛叉车等。常用叉车起重能力为 1～10 t。

（1）叉车的主要参数

1）额定起升重量。货叉起升货品时，货品重心至货叉垂直段前壁的距离不大于载荷中心距时，允许起升货品的最大毛重。

2）载荷中心距。在货叉上放置标准重量的货品，确保货叉纵向稳定时其重心至货叉垂直段前壁间的水平距离值。

3）最大起升高度。叉车在平坦、坚实的地面上，满载、轮胎气压正常、门架直立，货品升到最高时，货叉水平段的上表面至地面的垂直距离。

4）门架倾角。无载叉车在平坦、坚实的地面上，门架相对其垂直位置向前和向后倾斜的最大角度，分别称为门架前倾角 α 和门架后倾角 β。

5）最大起升速度。叉车在坚实的地面上满载时，货品举升的最大速度。

6）最大运行速度。叉车满载时，在干燥、平坦、坚实的地面上行驶时的最大速度。

7）满载最大爬坡度。指叉车满载时，在干燥、坚实的路面上，以低速匀速行驶所能爬越的最大坡度，以度或百分数表示。国产叉车标准中，满载最大爬坡度为 15°～20°。

8）最小外侧转弯半径。是指叉车在无载低速转弯行驶，转向轮处于最大转角时车体最外侧至转向中心的最小距离。

9）最小离地间隙。指车体最低点与地面的间隙。

（2）典型叉车

1）平衡重式叉车。这种叉车依靠车体、平衡重块与起重货品重量平衡，其特点是自重大、轮距大、行走稳定，转弯半径大，如图 5—10a 所示。

平衡重式叉车依靠换装各种叉车附件可用来装卸搬运多种货品，主要用于车站、工厂、货场等地，尤其适用于路面较差，搬运较长的地方。

2）前移式叉车。车前部设有跨脚插腿，跨脚前端装有支轮，它和车体的两轮形成四轮支承，作业时重心在四个轮的支承面中，因此比较稳定。其门架或货叉可以前后移动，以便于取货及卸货，如图 5—10b 所示。

前移式叉车自重较轻，行走速度较慢且轮子半径较小，对地面要求较高，主要用在室内仓库、配送中心及工厂厂房内，尤其在运行地域狭小之处。

3）拣选式叉车。拣选式叉车主要特点是操作者能随装卸装置一起在车上进行拣货作业，当叉车行进到某一货位前，货叉取出货盘，操作人员将所需数量拣出，再将货盘放回，如图 5—10c 所示。

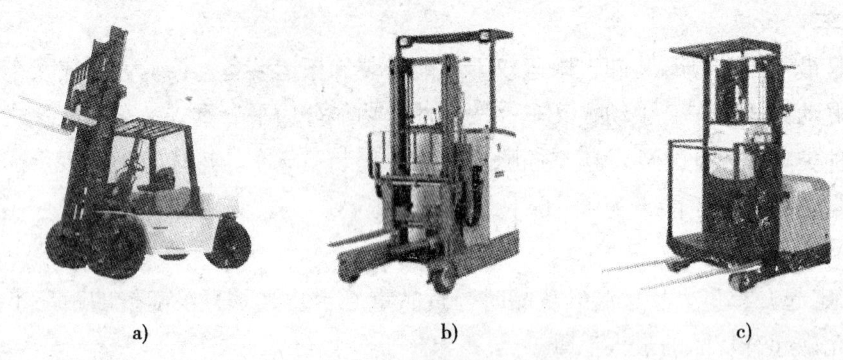

a)　　b)　　c)

图 5—10　平衡重式叉车

a）平衡重式内燃机叉车　b）前移式叉车　c）拣选式叉车

（3）叉车属具

叉车属具是一种安装在叉车上以满足各种物料搬运和装卸作业特殊要求的专用机械。它使叉车成为具有叉、夹、升、旋转、侧移、推拉或倾翻等多用途、高效能的物料搬运工具。

叉车属具种类繁多，根据不同的行业用户、不同的货品有不同的叉车属具进行相应合理有效的作业，部分叉车属具如图 5—11 所示。

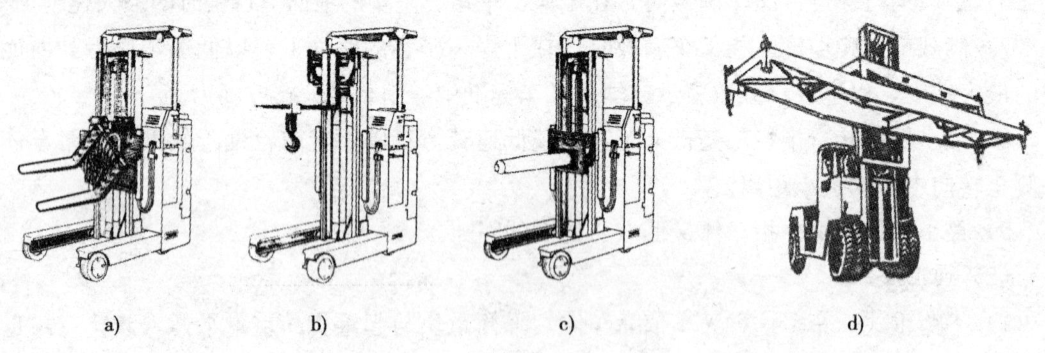

a)　　b)　　c)　　d)

图 5—11　部分专用叉车属具

a）装旋转货叉　b）装吊钩　c）装刚性管插柱　d）装集装箱吊具

2. 起重装备

起重机械是用来从事起重、搬运的机械。起重机械工作时，各机构经常是处于启动、制动以及正向、反向等相互交替的运动状态之中，并且在两个工作循环之间有短暂的停歇。

（1）起重机的基本参数

1）额定起重量。起重机在正常作业时，允许提升货品的最大重量与可从起重机上取下的取物装置重量之和称为起重机的额定起重量。

2）起升高度。起重机运行轨道面或地面到取物装置上极限位置的高度，当取物装置可以降到地面或轨道顶面以下时，从地面或轨道顶面下放至下极限位置的距离称为下放深度。起升高度与下放深度之和称为总起升高度。

3）跨度和幅度。跨度是指桥式类起重机大车运行两条轨道之间的距离。幅度是指臂架类起重机的旋转中心线至取物装置中心线之间的水平距离。

4）额定工作速度。起重机的工作速度包括起升、变幅、旋转、运行等机构的速度。起升速度是指吊钩的上升速度；变幅速度是指臂架机构从最大幅度变到最小幅度的平均线速度；旋转速度是指回转式起重机每分钟的转数；运行速度是指起重机的大车行走速度。

5）起重机和机构的工作级别。起重机的工作级别是起重机整机的工作级别，共分为A1、A2、A3、A4、A5、A6、A7、A8 共 8 个级别，它表示起重机整机承受起升载荷的繁重程度及设计寿命的长短。

起重机构工作级别反映机构工作繁忙程度和承受载荷的轻重程度，分为 M1、M2、M3、M4、M5、M6、M7、M8 共 8 种工作级别。

（2）常用起重机

1）桥式起重机。桥式起重机用吊钩、抓斗或电磁盘来装卸货品，它由桥架和起重小车两大部分组成，按桥架结构分为单梁桥式起重机和双梁桥式起重机，如图 5—12a 所示。桥式起重机的吊运方式由大车的纵向运动、小车的横向运动以及起升机构的升降运动所组成。

桥式起重机的大车轨道通常安装在仓库、作业场所的两侧梁柱或两侧地面上，因而具有起重量大、占地面积小，且运行时不妨碍作业场地的其他工作的特点。

2）门式起重机。门式起重机的结构为门形框架，承载主梁下安装两条支脚，可以直接在轨道上行走，主梁两端可以具有外伸悬臂梁。门式起重机场地利用率高、作业范围大、适应面广、通用性强，在港口、货场、料场的货品装卸作业中得到广泛使用，如图 5—12b 所示。

3）门座式起重机。门座式起重机分为通用式和专用式两种。通用门座式起重机用吊钩或抓斗装卸货品，专用门座式起重机则只能用于某一种货品的装卸。

门座式起重机是由金属结构、四大运动机构和电气系统组成的整体。四大运行机构是指起升机构、变幅机构、回转机构、运行机构，如图 5—12c 所示。

4）岸边集装箱起重机。岸边集装箱起重机由前后两片门框和拉杆构成的门架及支承在门架上的桥架组成，行走小车沿着桥架上的轨道用专用吊具吊运集装箱进行装卸船作业。门架可沿着与岸线平行的轨道行走，以便调整作业位置和对准箱位，如图 5—12d 所示。

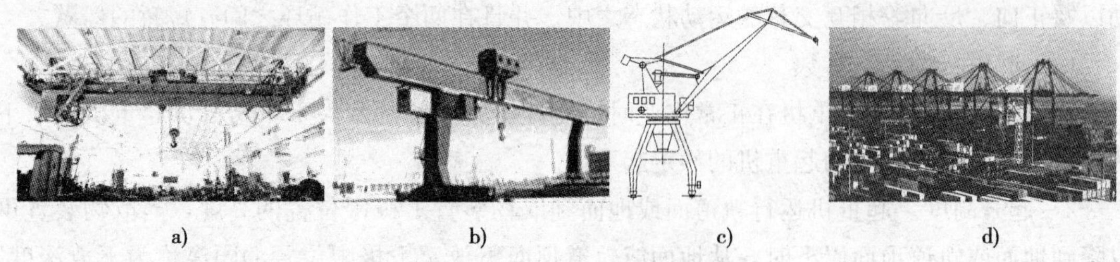

a)　b)　c)　d)

图 5—12　常见起重机

a）轻型双梁桥式起重机　b）单主梁门式起重机　c）门座式起重机　d）岸边集装箱起重机

为了便于船舶靠离码头，桥架伸出码头外面的部分可以俯仰。对于高速型岸边集装箱起重机，还装有吊具减摇装置。

岸边集装箱起重机的主要技术参数有：起重量、起升高度、外伸距、内伸距、轨距、基距、门架净空高度、工作速度等。

岸边集装箱起重机作业时，需配置集装箱吊具。集装箱吊具由金属构架、导向、连接、吊具前后倾斜及操纵控制装置等部件构成。导向装置在吊具接近集装箱时起定位作用，连接装置是使吊具与集装箱在吊运时连成一整体的机构。

集装箱吊具分为不可伸缩的固定式吊具和伸缩吊具两类，固定式吊具又分为直接吊装式吊具、可更换式吊具、主从式吊具。

3. 堆垛机

堆垛机是指用货叉或串杆摄取、搬运和堆垛或从高层货架上存取单元货物的专用起重机。堆垛机的分类有以下几种分类方式。

（1）按结构特点分类

按照结构特点的不同，堆垛机一般可分为桥式堆垛起重机和巷道式堆垛起重机两种。

1）桥式堆垛机。额定起重量一般为 0.5～5 t，有的可达 20 t，主要用于高度在 12 m 以下、跨度在 20 m 以内的仓库。

2）巷道式堆垛起重机。专用于高架仓库，采用这种堆垛机的仓库高度已达 45 m 左右。堆垛机在货架之间的巷道内运行，主要用于搬运装在托盘上或货箱内的单元货物；也可开到相应的货格前，由机上人员按出库要求拣选货物出库。

（2）按动力特点分类

按照动力特点的不同，堆垛机一般可分为全动力堆垛机、半动力堆垛机和手动堆垛机三种。

1）全动力堆垛机适用于狭窄通道和有限空间内的作业，是高架仓库、超市、车间装卸和堆垛托盘化货物的理想工具。全电动堆垛机大都采用计算机程序控制、无级变速，钢精制宽视野门架最大起升高度可达 6 m 的可配踏板。

2）半动力堆垛机适用于狭窄通道和有限空间内的作业，是高架仓库、车间装卸堆垛托盘化高效率的理想设备。半电动堆垛机运行轻便快捷、简易，有近似全电动堆垛机的功能。

3）手动堆垛机，也称手动装卸车、手推液压堆高车，是利用人力推拉运行的简易式插腿式叉车。其起升机构有手摇机械式、手动液压式和电动液压式三种，适用于工厂车间、仓库内效率要求不高，但需要有一定堆垛、装卸高度的场合。其载重为 500～1 000 kg，起升高度为 1 000～3 000 mm，货叉离地高度不高于 100 mm。

（3）按行走特点分类

按照行走特点的不同，堆垛机一般可分为有轨堆垛机、无轨堆垛机和堆垛机器人三种。

1）有轨堆垛机。按照用途的不同，可分为单元型、拣选型、单元—拣选型三种；按照控制方式不同可分为手动、半自动和全自动三种；按照转移巷道方法的不同可分为固定式、转移式和转移车式三种；按照金属结构的形式可分为单立柱和双立柱两种。

2）无轨堆垛机。一般分为托盘型和拣选型。

3）堆垛机器人。根据码垛机构的不同，可分为多关节型、直角坐标型；根据爪具形式的不同可以分为侧夹型、底拖行、真空吸盘型。此外，机器人还分固定型和移动型两种。

4. 输送设备

输送机械分为散料输送机械和整料输送机械。散料输送机械用于输送煤、化肥、粮食、矿砂等形态很小、自流性好的物料。

散料输送设备包括带式输送机、埋刮板式输送机、斗式输送机、辊道式输送机、螺旋式输送机和气力式输送机。

（1）托辊胶带输送机

带式输送机由胶带作为运送物料的输送带，采用电动机作为动力，靠输送带与支承托辊之间产生的摩擦力作为输送带运转的牵引力。

带式输送机根据整机是否移动分为固定式和移动式两种，固定式胶带输送机的机架固定，而移动式的机架装有轮子，可以移动，如图 5—13a 所示。

固定式胶带输送机用于散料的输送，它既可做水平方向输送，又可以做小倾角的倾斜输送。固定式胶带输送机适应性强，在港口、车站、货械、库场应用较广泛，尤其适用于煤炭、矿石等散货的输送。其次，在生产工序中的原料、半成品输送中使用也较广泛。

移动式胶带输送机用于装卸，机动性强，使用效率高，输送方向和输送长度均可改变。

（2）辊子输送机

辊子输送机由一系列以一定间隔排列的辊子组成，用于输送成件货品或托盘货，要求货品或托盘的底面必须有沿输送方向的连续支承面。为保证货品在辊子上移动时的平稳性，应保证至少有 3～4 个辊子同时支承一件货品，辊子的间距应小于货品支承面长度的 1/30～1/4。由电动机通过链条或胶带驱动辊筒，辊子输送机用于输送、积存、分岔、合流等场合，也可应用于油污、潮湿及高、低温的环境，如图 5—13b 所示。

（3）空中移载台车

空中移载台车悬挂在空中导轨上，按照指令在导轨上运动或停止。在运动过程中货台装置通过卷扬机和升降带被提到最高位置，并与车体成为一体。当运动到指定位置时，升降带伸长，货台下落，进行卸货或装货，如图 5—13c 所示。

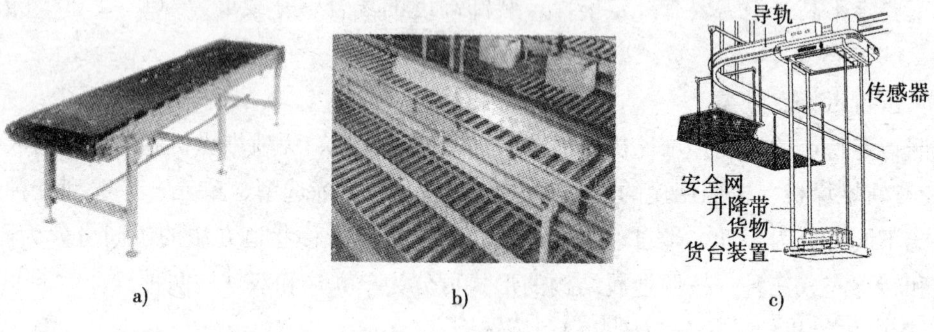

图 5—13　常见输送机

a）胶带输送机　b）辊子输送机　c）空中移载台车

空中移载车的优点是快速、准确、安全，所占空间较小。

五、分拣装备

分拣输送系统是采用机械设备与自动控制技术将随机的、不同去向的物品，按一定要求进行分类实现物品分类、输送的一种物料搬运系统。

自动分拣机有以下几个特点：大大提高了分拣速度，且能连续、大批量地分拣货物；分拣误差率极低；基本实现无人化。

常见的分拣装备有电子标签拣货系统、台车拣取系统、自动分拣系统等。

1. 电子标签拣货系统

电子标签拣货系统如图 5—14 所示，其原理是：在每一物品的储存架上安装有显示灯号，用以引导拣货员到订单所需物品的所在位置。除显示灯号外，在货架上还有数字显示器显示该货品所需的数量。此外，在每一个货品存放区还安装了显示器，用以确定该区所应拣取的货品是否有遗漏；店别显示器用来显示当时作业订单所属的商店代号。

电子标签拣货系统的应用领域主要有连锁超市、大型零售商场的物流配送中心、物流配送仓库、制造业中多零部件产品的组装生产及零部件供应。

2. 台车拣选系统

台车安装有显像装置及行走控制装置，显示装置指示储存货架及应该拣取的货品数量，作业人员根据其指示进行拣取作业。拣选台车具有机动、灵活、可靠的特点，适合于多样性、小体积的订单拣选。

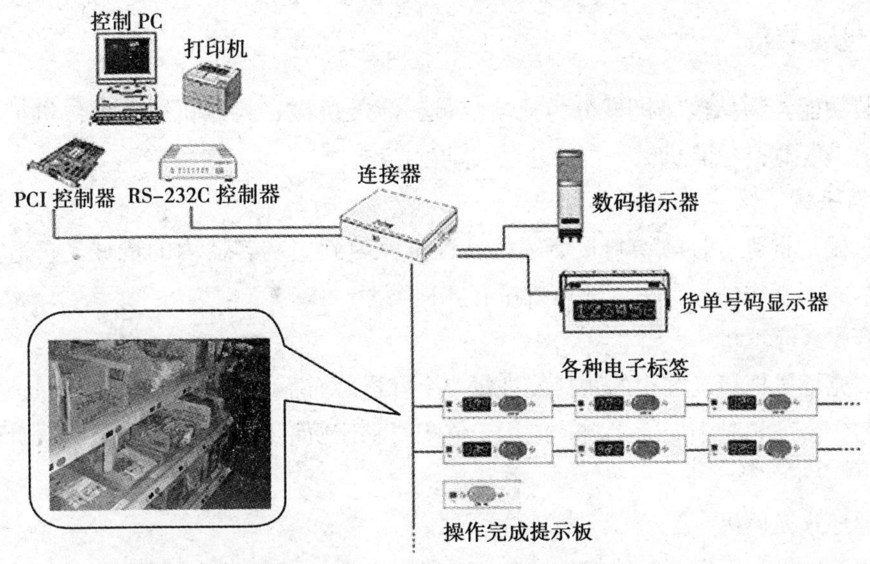

图 5—14　电子标签拣货系统

3. 自动分拣系统

（1）自动分拣系统能够自动按货品品种、货主、储位或发送地点对货品进行快速准确的分类，并将这些物品运送到指定地点（如指定的货架、加工区域、出货站台等）。

（2）自动分拣系统能连续、大批量、自动地分拣货品，并且分拣误差率极低。

（3）自动分拣机是自动分拣系统的核心设备，分拣机按照其分拣机构的结构常分为挡板型、浮出型、倾斜型和滑块型。

（4）自动分拣机工作流程分为合流、分拣信号输入、分拣和分流、分运 4 个阶段。

1）合流阶段。物品通过多条输送线进入分拣系统，经过合流逐步将各条输送线上输入的物品合并于一条汇集输送机上；同时，将物品在输送机上的方位进行调整，以适应分拣信号输入和分拣的要求。汇集输送机具有自动停止和启动的功能。

2）分拣信号输入阶段。货品接受激光扫描器对其条形码标签的扫描，或者通过其他自动识别方式，如光学文字读取装置、声音识别输入装置等，将货品分拣信息输入计算机。货品之间保持一个固定值的间距，以保证分拣速度和精度。

3）分拣和分流阶段。物品离开分拣信号输入装置后在分拣输送机上移动时，根据不同物品分拣信号所确定的移动时间，使物品行走到指定的分拣道口，由该处的分拣机构按照上述的移动时间自行启动，将物品排离主输送机送入分流滑道排出。

4）分运阶段。分拣出的物品离开主输送机，再经滑道到达分拣系统的终端。分运所经过的滑道一般是无动力的，借物品的自重从主输送机上滑行下来。各个滑道的终端，由操作人员将物品搬入容器或搬上车辆。

六、包装装备

按包装功能，物品包装机械分为充填机械、灌装机械、封口机械、裹包机械、捆扎机械、贴标机械、真空包装机械，以及包装自动生产线。

1. 充填机械

充填机械是将待包装的物料按所需的精确量充填到包装容器内的机械，它适用包装粉状、颗粒状的固态物品。常用的充填机械有 3 种类型：

（1）容积式充填机

容积式充填机把精确容积的物料装进每一个容器，而不考虑物料密度或重量。常用于颗粒较小均匀、密度相对不变的物料，或用于体积要求比质量要求更重要的物料，计量范围一般在 200 ml 以下。

（2）螺杆式充填机

螺杆式充填机利用螺杆螺旋槽的容腔计量物料。螺杆式充填机主要用于粉料或小颗粒状物料的计量，其主要优点是结构紧凑、无粉尘飞扬，还可通过改变螺杆的参数来扩大计量范围。

（3）计量泵式充填机

待包装物品存放于料斗中，计量鼓由传动装置驱动运转。当计量容腔经过装料斗时，被料斗中落送下来的物料充满。装入计量腔的物品，随转鼓转到排料口时，在重力的作用下排出，经导管接填入包装容器中，完成包装的计量。

2. 灌装机械

灌装机械主要用于在食品领域中对啤酒、饮料、乳品、酒类、植物油和调味品的包装，还包括洗涤剂、矿物油和农药等化工类液体产品的包装。包装所用容器主要有桶、瓶、听、软管等。按照灌装产品的工艺可分为常压灌装机、真空灌装机、加压灌装机等。灌装机械通常与封口机、贴标志机等连接使用。常用的灌装机械有膏状灌装机、液体灌装机、颗粒灌装机 3 种。

3. 封口机械

封口机是指在包装容器内盛装产品后对容器进行封口的机器。不同的包装容器有不同的封口方式，如塑料袋多采用接触式加热加压封口或非接触式的超声波熔焊封口，麻袋、布袋、编织袋多采用缝合的方式封口；瓶类容器多采用压盖或旋盖封口；罐类容器多采用卷边式封口；箱类容器多采用钉封或胶带粘封。

4. 裹包机械

用挠性包装材料进行全部或局部裹包产品的包装设备统称为裹包机械。裹包机械的共同特点是用薄形挠性包装材料（如玻璃纸、塑料膜、各类复合膜、拉伸膜、收缩膜等）将一个或多个固态物品进行裹包，广泛用于食品、烟草、药品、日用化工品、音像制品领域。

5. 捆扎机械

捆扎机械是利用带状或绳状捆扎材料将一个或多个包件紧扎在一起的机器，属于外包装设备。目前我国生产的捆扎机基本上采用塑料带作为捆扎材料，利用热熔搭接的方法使紧贴包件表面的塑料带两端加热加压粘合，从而达到捆紧包件的目的。

6. 贴标机械

贴标机械是将已经印制好的标签粘贴到包装容器特定部位的机器，其工艺流程包括取标签、送标签、涂胶、贴标签、整平等。

7. 真空包装机

真空包装机是将物品装入包装容器后，抽去容器内部的空气，以达到预定的真空度的机械。充气包装机是将物品装入包装容器后，再将氮气、二氧化碳等气体置换到容器内，并完成封口的机械。绝大多数真空包装机都具有充气功能，通常把以上机器称为真空包装机。

大多数的真空包装机还具有其他多种功能，如提升、充填、贴标记能等，这种包装机称作多功能包装机。

8. 包装自动生产线

包装自动生产线是按包装的工艺过程，将自动包装机和有关部门辅助设备用输送装置连接起来，再配以必要的自动检测、控制、调整补偿装置以及自动供送料装置，成为具有独立控制能力，同时能使被包装物品与包装材料、包装辅助材料、包装容器等按照预定的包装要求和工艺顺序，完成物品包装全过程的工作系统。典型的包装自动生产线如下：

（1）散料可编程配方定量包装线——用于烟草工业制品的程序化连续包装。

（2）纸模工业品包装生产线——主要用于大规模原生和再生纸及纸制品的包装。

（3）全自动瓶装包装生产线——用于各种大量瓶装物品的包装。

第 2 节　物流信息技术装备

一、物流条形码与射频技术装备

1. 条形码概述

条形码由一组规则排列的条、空及其对应字符组成的标记，用以表示一定的信息。“条”指对光线反射率较低的部分，“空”指对光线反射率较高的部分。

条形码具有识别快速、准确、可靠，印刷和制作简便，成本低廉的特点。

2. 条形码结构

常用条形码的种类包括通用商品条形码、储运单元条形码和贸易单元条形码。

（1）通用商品条形码（EAN－13 码）

通用商品条形码由 13 位数字组成，前缀码 3 位数字为国籍代码或地区代码，中前 4 位数字为厂商代码，中后 5 位数字为商品代码。最后一位数字是校验码。比如：690　1234　56789　8，“690”代表中国，由国际物品编码协会确定；“1234”为厂商代码，由中国各地区物品编码中心设定；“56789”为商品代码，由厂商根据国际通用商品编码规范，自行编码；“8”是校验码，用于校验厂商识别代码和商品代码的正确性。

当商品较小，张贴条形码标签的位置不够时，采用缩短码 EAN－8 码。缩短码主要用于免税商场的小型商品，如香水、化妆品和香烟等。

（2）储运单元条码（ITF－14 码和 ITF－14/ITF－6 码）

储运单元条码是专门表示储运单元的编码。储运单元条码有定量储运单元条码和变量储运单元条码两种类型。

1）定量储运单元条码由 13 位数字或 14 位数字组成，当采用 13 位数字时，它等同于通用商品 EAN－13 码。采用 14 位数字时，在 EAN－13 码前加 1 位数字，表明物流状态，称为 ITF－14 位码。

2）变量储运单元条码的主代码用 ITF－14 码标志，附加 ITF－6 码标志，共 20 位数字，以 ITF－14/ITF－6 码表示。

（3）贸易单元 128 条码（EAN－128 码）

贸易单元 128 条码在物流和配送过程中，将商品生厂日期、有限日期、运输包装序号、重量、体积、尺寸、发出与送达地址等重信息条码化，以便快速扫描输入计算机系统。它是主要使用于物流领域的条形码。

（4）UPC 码

UPC 码是美国 UCC 协会指定的商品条码。UPC 码有两种类型，即 UPC－A 码和 UPC－E 码。

1）UPC－A 码符号的第一位数代表国别，它表明了此产品的生产国家或地区；接下去的 5 位数组成的代码代表产品的制造商代码；再接下去的 5 位数组成的代码代表此产品，用以确认产品的特征、属性等，这些代码均由编码机构和制造商统一分配；最后一位数是校验字符。UPC－A 码由其中间隔离条分成前 6 位字符和后 6 位字符。前 6 位字符称为左手字符，后 6 位称右手字符。这 12 位字符又由左手两个警戒条即起始字符和右边两个警戒条即终止字符封起来。

UPC－A 码符号的左手字符与右手符的编码规则是不同的，其左手字符为奇数字符，且两个条的宽度之和是 3 个或 5 个单位元素宽。

2）UPC－E 码符号为 6 位数，此 6 位数由两个左警戒条即起始字符和三个右警戒条即终止字符封起来。UPC－E 码符号由 3 个奇数符和 3 个偶数符组成。它们的奇偶性的排列组合对应着一个第 7 位数，它的值隐含在 6 个字符的奇偶性排列组合中。

3. 条形码识读装备

（1）条形码识读原理

由光源发出的光线经过光学系统照射到条码符号上面，被反射回来的光经过光学系统成像在光电转换器上，使之产生电信号，信号经过电路放大后产生一模拟电压，它与照射到条码符号上被反射回来的光成正比，再经过滤波、整形，形成与模拟信号对应的脉冲信号，经译码器转换为计算机可以直接接受的数字信号。

普通的条码阅读器通常采用光笔、CCD、激光 3 种技术，它们都有各自的特点。

（2）常用条形码扫描器

1）光笔条形码扫描器。使用光笔类条形码扫描器时，要求扫描器与待识读的条码接触或离开一个极短的距离（一般仅 0.2～1 mm）。

2）手持式条码扫描器。扫描器内一般都装有控制扫描光束的自动扫描装置，如图 5—15a 所示。阅读条形码时不需与条码符号接触，扫描头与条形码标签的距离一般在 0～20 mm 范围内，而长的可达到 500 mm 左右。

3）台式条形码自动扫描器。该种扫描器常安装在某一固定位置，等待标附有条形码标签的待测物体以平稳、缓慢的速度进入扫描范围，对其进行扫描和识别，如图 5—15b 所示。

4）激光自动扫描器。该种扫描器采用激光作为扫描光源，扫描光照强、扫描距离远、扫描速度高，如图 5—15c 所示。

5）卡式条形码阅读器。在插卡的过程中扫描光点读取条形码信息，卡式条形码阅读器一般都具有与计算机传送数据的能力。

6）便携式条形码阅读器。便携式条形码阅读器一般配接轻便的枪型条形码扫描器，本身带有显示屏、键盘等装置。使用时可流动采集数据，将收集到的数据暂时存储在自身的存储器中，然后定时送到主机内存储，特别适用于盘点等流动性数据采集作业，如图 5—15d 所示。

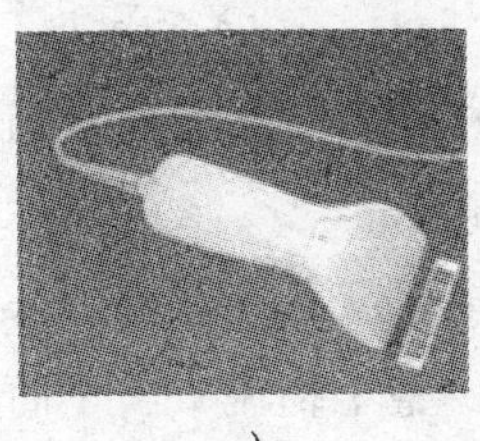
a)

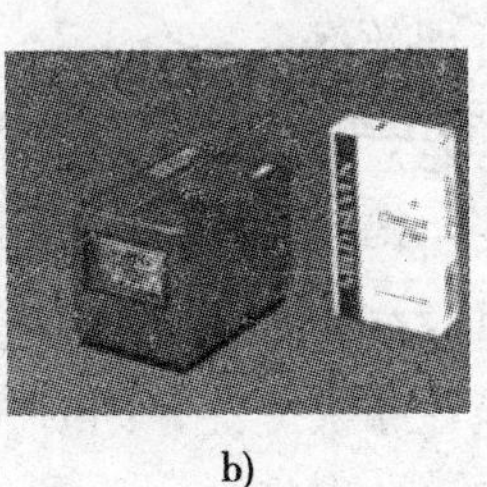
b)

c)

d)

图 5—15　各种条形码识读设备

a）手持式条码扫描器　b）固定式扫描器　c）激光自动扫描器　d）便携式条码阅读器

4. 射频识别技术

（1）射频识别技术概述

射频识别技术是利用无线电波对记录媒体进行读写的一种自动识别技术。射频识别系统主要由射频电子标签阅读器、天线和相应的软件系统组成。它借助于放置在物品上的电子标签用阅读器来对标签进行扫描和读取，当天线与阅读器进行通讯时，把数字式通讯信号转换为与阅读器通讯的电波频率信号，将标签内的信息读出，然后将信息送入计算机系统。

（2）RFID 及应用

RFID 无线射频识别技术是一种非接触式的自动识别技术，其基本原理是利用射频信号和空间耦合（电感火电磁耦合）传输特性实现对被识别物体的自动识别。基本的 RFID 系统包括电子标签、阅读器和天线。

RFID 按不同的分类方式，可分为如下几类。

1）按功能分类

①识别。利用射频标签中的唯一信息可识别实体的身份，如车辆、移动物等的识别。

②分拣。计算机辅助分拣系统、数字分拣系统、数字分类系统。

③跟踪。利用射频标签可以对货物资源等进行跟踪和管理。

2）按应用范围分类

①单项应用。单项应用就是企业内部的 RFID 应用，如仓储管理、资产管理、销售管理、物流管理。

②合作伙伴之间应用。RFID 的高一层的应用是合作伙伴之间的应用，如地区配送、供应链管理。这种 RFID 的应用，只限于物料的识别和采集，缺乏合作伙伴之间的物流跟踪与信息反馈，因此其产生的效果有一定局限性。

③全球应用。在全球范围内应用 RFID 是最高层次的应用。

（3）射频技术在物流中的应用

射频系统可以实现从原材料的采购，半成品与产成品的生产、运输、仓储、配送，一直到销售，甚至退货处理和售后服务等所有环节上的实时监控，提高业务运行的自动化程度，大幅降低差错率，显著提高物流管理透明度和管理效率。

1）零售业。采用射频标签可有效防止商品的丢失率，提高销售额，并可改进零售商的库存管理，实现适时补货，有效跟踪运输与库存，提高效率，减少出错。

2）存储环节。在仓库里，射频技术使用最广泛的是存取货物与库存盘点，它能用来实现自动化的存货和取货等操作，增强作业的准确性和快捷性，同时减少整个物流中由于商品误置、送错、偷窃、损害和库存、出货错误等造成的损耗。

3）运输环节。射频识别技术可以及时掌握在途货品，实时跟踪运输工具。

4）配送/分销环节。采用射频技术能大大加快配送的速度，提高拣选与分发过程的效率与准确率，并能减少人工、降低配送成本。

5）生产环节。在生产制造环节应用射频技术可以完成自动化生产线运作，实现在整个生产线上对原材料、零部件、半成品和产成品的识别与跟踪，减少人工识别成本和出错率，提高效率和效益。

二、货运跟踪系统

货运跟踪系统主要采用 GPS（全球定位系统）技术对流动标的进行实时监控。

1. 货运跟踪系统的组成

货运跟踪主要涉及定位设备、通讯设备及技术、车载终端以及监控调度中心管理系统。定位设备能够提供车辆的三维位置、三维速度和系统时间。通讯设备能够将车辆的定位信息传输给监控调度指挥中心，或者接收监控调度指挥中心发送的指令。车载终端可以实现定位信息和调度指令的显示等，监控调度中心管理系统主要实现对车辆监控的管理、车辆位置的集中显示等。

2. 货运跟踪系统的主要功能

（1）实时监视功能

在任一时刻均可监视货运车辆所在的地理位置（如经度、纬度、速度等信息），在电子地图上直观地显示出来。

（2）双向通讯功能

借助于通讯设备和车载终端，货运司机和监控调度中心可进行实时双向通讯。

（3）动态调度功能

调度人员可根据车辆反馈信息和当前任务，对车辆进行实时调度和运能管理，以减少空车时间和空车距离，提高车辆的运能。

（4）数据存储、分析功能

可对车辆的服务区域、维护和保养、购置等进行分析决策。

在 GSM 业务中，短消息服务是在物流系统中最常用的。它不需要建立信道连接，可以利用终端设备直接将需要发送的信息加上目的地址直接发送到短消息消息服务中心，再由短消息服务中心发送给终端用户。短消息服务每次限定的通讯字节长在 160 个字节以内，虽然长度有限，但对于传送一般的定位信息、交通信息，能够满足要求，而且短消息服务收费低廉，目前在很多调度系统和监控系统中都普遍采用了短消息服务方式作为通讯手段。但由于短消息具有一定的不确定性，同时在通讯繁忙时不能保证及时到达，所以作为物流监控中信息实时传输手段，存在一定的隐患。

GPRS 系统具有实时在线、按量计费、快速登录、高速传输等特点，可以克服 GSM 短消息的缺点，适用于间断的、突发性的或频繁的、少量的数据传输，也适用于偶尔的大数据量传输，在物流的实时跟踪方面应用越来越广泛。

CDMA 具有专门的移动定位技术，可以准确测定移动台的地理位置，提供城市地图、导航、紧急救助、紧急警报、移动黄页等多种服务，能够满足物流中移动定位、远程控制和数据采集传输等方面的信息通信需求。随着终端设备的丰富，在物流行业中的应用空间会更加广泛。

三、EDI 技术

EDI 是电子商业工具，它将商业文件与进出口许可证、报关单等按统一的标准编制成计算机能识别和处理的数据格式，在计算机之间进行传输。

EDI 广泛用于电子计算机之间商业信息的传递，包括日常咨询、计划、采购、到货通知、询价、付款、财政报告等。EDI 特别适合应用于海关、贸易、物流等领域。

物流 EDI 是指货主、承运业主以及其他相关的单位之间，通过 EDI 系统进行物流数据交换，并以此为基础实施物流作业活动的方法。

1. EDI 的标准

EDI 的标准包括以下几种：EDI 网络通信标准、EDI 处理标准、EDI 联系标准、EDI 语义语法标准。

2. EDI 系统的结构

EDI 数据标准、EDI 软件及硬件、通信网络是构成 EDI 系统的三要素。其中 EDI 软件包括转换软件、翻译软件、通信软件；硬件包括计算机、调制解调器及通信线路。

3. EDI 系统的工作原理

（1）平面文件转换及初始化过程

用户应用系统与平面文件之间的转换过程（简称映射）是联结翻译和用户应用系统的中间过程。

（2）翻译过程

翻译就是根据报文标准、报文类型和版本，将平面文件转换为 EDI 标准报文。

（3）通信过程

翻译封包过程结束，生成 EDI 交换。通信参数文件一般包含电话拨号、通信地址或其他的特殊地址符号，以及表示停顿、回答和反应的动作描述码。

四、数据库技术

1. 数据库技术构成

数据库技术是对数据库、数据库管理系统和数据库系统的总称。

数据库是信息的集合，在这个集合中可以按照信息的逻辑结构对其进行组织和存取。

数据库管理系统是人们用以操作数据库的软件产品。利用数据库管理系统软件，人们可以直接对数据库进行操作，实现数据查询、检索、计算、统计、编辑与打印等功能，可以高效、快捷地编制各种应用程序。

数据库系统是一个计算机应用系统，包括数据库、数据库管理系统、计算机硬件环境和操作系统环境、管理和维护数据库系统的人员等。

2. 数据库技术在物流管理中的应用

数据库技术是实现物流信息管理的基础，在仓储信息、运输信息、物料计划、制造资源计划、客户资源、企业资源等物流信息管理中均离不开数据库技术。

数据库技术在物流中的应用主要用于实现物流底层数据的存储和检索，基于物流数据的软件系统开发。

第 3 节　物流标准化

一、物流标准化概述

1. 物流标准化的概念

物流标准化是以物流为系统，制定系统内部设施和装备，包括专用工具、物流功能作业配合性技术标准，以及包装、仓储、装卸、运输、加工等各类作业标准形成的物流系统和外围系统的接轨标准化体系。

物流标准化是现代物流发展的基础，是提高物流效率的重要途径，是构筑全球物流大通关必要的前提条件。推行物流标准化可有效克服物流系统存在的环节离散、信息孤立和衔接困难等问题，达到物畅其流、快捷准时、经济合理和满足用户要求的目的。

2. 物流标准化涉及的内容

物流设施标准化：托盘标准化、集装箱标准化等 。

物流作业标准化：包装标准化、装卸/搬运标准化、运输作业标准化、存储标准化等 。

物流信息标准化：EDI/XML 标准电子报文标准化、物流单元编码标准化、物流节点编码标准化、物流单证编码标准化、物流设施与装备编码标准化、物流作业编码标准化。

3. 现有的物流标准

现有的物流标准有以下几种：托盘标准、集装箱标准、包装标准、装卸/搬运标准、存储作业标准、条码技术标准、物流单元编码标准、物流设施与装备编码标准 。

二、物流模数系列

物流基础模数尺寸为 600 mm×400 mm。物流模数是物流设施与设备的尺寸基准，以 1 200 mm×1 000 mm 为主，也允许使用 1 200 mm×800 mm 和 1 100 mm×1 100 mm 。以物流基础模数为核心，形成了由 32 个规格尺寸组成的运输包装系列尺寸。

三、托盘标准化

托盘标准化是实现托盘联运的前提，也是实现物流机械和设施标准化的基础及产品包装标准化的依据。托盘的标准化有利于加速物流的流程，降低物流的作业成本。

我国国家标准规定的托盘规格：800 mm×1 000 mm、800 mm×1 200 mm、1 000 mm×1 200 mm，载重量均为 1 t。

ISO 制定了 4 种托盘国际规格：1 200 mm×800 mm、1 200 mm×1 000 mm、1 219 mm×1 016 mm、1 100 mm×1 100 mm。

四、集装箱标准化

集装箱使用标准化主要包括《系列 1 集装箱——装卸和紧固》和《集装箱代号、识别和标记》等国际标准。

1. 国际标准集装箱

现行的国际标准集装箱为第 1 系列共 13 种，具体如下：

宽度均为 2 438 mm；长度有 12 192 mm、9 125 mm、6 058 mm、2 911 mm 共 4 种，即 40 英尺（1 英尺＝30.48 cm）、30 英尺、20 英尺、10 英尺共 4 种；高度有 2 896 mm、2 591 mm、2 438 mm、<2 438 mm 共 4 种，其中 2 591 mm 应用普遍。

表 5—2 所示为现行国际标准集装箱规格，表 5—3 所示为常用集装箱的最小内部尺寸和容积。

表 5—2　　国际标准集装箱规格

箱型号	外部尺寸						质量	
	英制（英尺）			公制（mm）				
	长	宽	高	长	宽	高	kg	磅
1AAA	40	8	9.5	12 192	2 438	2 896	30 480	67 200
1AA	40	8	8.5	12 192	2 438	2 591	30 480	67 200
1A	40	8	8	12 192	2 438	2 438	30 480	67 200
1AX	40	8	8	12 192	2 438	2 438	30 480	67 200
1BBB	30	8	9.5	9 125	2 438	2 896	25 400	56 000
1BB	30	8	8.5	9 125	2 438	2 591	25 400	56 000
1B	30	8	8	9 125	2 438	2 438	25 400	56 000
1BX	30	8	8	9 125	2 438	2 438	25 400	56 000
1CC	20	8	8.5	6 058	2 438	2 591	24 000	52 920
1C	20	8	8	6 058	2 438	2 438	24 000	52 920
1CX	20	8	8	6 058	2 438	2 438	24 000	52 920
1D	9ft 9.75in.	8	8	2 991	2 438	2 438	10 160	22 400
1DX	9ft 9.75in.	8	8	2 991	2 438	2 438	10 160	22 400

国际上集装箱运输最常用的是 20 英尺和 40 英尺的集装箱。为便于统计，将一个 20 英尺的标准集装箱作为国际标准集装箱的标准换算单位，称为换算箱或标准箱，简称 TEU（Twenty－foot Equivalent Unit）。一个 40 英尺的集装箱，简称 FEU（Forty－foot Equivalent Unit），1 FEU＝2 TEU。

表 5—3　　国际标准集装箱的内部尺寸

箱型	最小内部尺寸（mm）			最小内容积（m^3）
	长	宽	高	
1A	11 997	2 300	2 195	60.5
1AA	11 997	2 300	2 350	64.8
IB	8 930	2 300	2 195	45
IC	5 867	2 300	2 195	29
1D	2 802	2 300	2 195	14.1
IE	1 780	2 300	2 195	9
IF	1 273	2 300	2 195	6.4

目前，国际上集装箱尺寸发展已到 45 英尺、48 英尺，在重量上发展到 35 t 以上。

2. 集装箱使用标准化

（1）集装箱的起吊方法

国际标准 ISO 3874《系列 1 集装箱——装卸和紧固》规定集装箱的起吊方法有：用吊具吊顶、用吊索吊顶、用吊具吊底、侧吊、端吊、用叉车叉举、用抓臂起吊。

（2）集装箱起吊注意事项

1）箱内货物偏心装载时，严禁用单根钢丝绳吊起。

2）箱内装载高重心货物时，禁止起吊后高速旋转。

3）装卸超高货集装箱时，要用专用的超高货吊索。

（3）集装箱装卸注意事项

1）集装箱着地时，应注意慢慢放下，避免使集装箱受到猛烈冲击而损坏箱内货物。

2）集装箱在下降过程中不能突然停止。

3）不准在其他集装箱上拖曳集装箱。

4）不能用滚轮或圆棍棒移动集装箱。

（4）集装箱的固定

1）在公路车辆上固定集装箱时，用四个底角件固定，常用的固定件有扭锁、锥体。

2）在铁路车辆上固定集装箱时，用四个底角件固定，常采用锥体固定件来固定。

3）若集装箱装在集装箱专用船的箱格内，则不用固定；如装在甲板上，可用箱格导柱固定或插接框架固定。

第 6 章
物流相关法律法规

在物流活动中，以海洋运输最为复杂，它涉及货主、运输商、港口、航线 4 方面的利益。在国际海运作业中，还涉及不同国家的海关、商检和检疫的作用。国际海运是物流法律法规集中表现的核心部分，并扩展到其他运输方式和仓储等物流功能活动。

第 1 节 物流相关国内法规

一、公路运输法规

物流企业进行公路运输遵守的法律法规主要有《中华人民共和国合同法》（以下简称《合同法》）以及原交通部颁布的《汽车货物运输规则》。若采用集装箱运输货物，则还应遵守交通部颁布的《集装箱汽车运输规则》；若运输的是危险货物，则还应遵守交通部颁布的《汽车危险货物运输规则》；若租用他人的汽车运输，则还应遵守交通部和国家计委共同颁布的《汽车租赁业管理暂行规定》。

1. 物流企业租用他人汽车进行运输

物流企业在租用他人汽车进行运输时，通常要与车辆的所有人签订汽车租用合同。汽车租用合同是指出租人将汽车交给承租人使用、收益，由承租人支付租金的合同。

（1）物流企业作为承租人主要应承担的义务和责任

1）在接收汽车时，应对租用的汽车进行检查，确认汽车技术状况良好，并要核对行驶证、道路运输证等证件是否齐全、有效，行车中应随车携带上述有关证件。

2）按照合同约定使用租用的汽车。租用的汽车只能用来在约定的地域或道路上载运约定种类的货物。如果物流企业以违背约定的方法使用租来的汽车，致使汽车受到损害时，出租人可以解除合同，并要求物流企业赔偿损失。

3）按照约定支付租金。

4）未经出租人同意，不得将租用的汽车转租给他人。否则，出租人可以解除合同。

5）租用期限届满后，返还所租用的汽车。逾期不及时返还，要承担违约责任。

（2）出租人主要应承担的义务和责任

1）按照约定将汽车交给物流企业使用并保持其适于约定用途的义务。

2）出租人有维修汽车的义务，物流企业可以要求出租人按照有关技术标准，加强车辆技术管理，保持汽车技术状态良好。

2. 与汽车承运人签订汽车货物运输合同进行运输

汽车货物运输合同是指汽车承运人与托运人之间签订的明确相互权利义务关系的协议。

（1）汽车货物运输合同的订立

汽车货物运输合同主要采用书面形式，分为定期运输合同、一次性运输合同和道路货物运单（简称运单）。

定期运输合同是指汽车承运人与托运人签订的在规定的期间内用汽车将货物分批量由起运地运至目的地的汽车货物运输合同。

一次性运输合同是指汽车承运人与托运人之间签订的一次性将货物由起运地运至目的地的货物运输合同。物流企业在安排每次货物运输时可以签订一次性运输合同。

运单是汽车货物运输中所使用的单证，在承运人和托运人签订了定期运输合同或一次性运输合同的情况下，它被视为货物运输合同成立的凭证；而在每车次或短途每日多次货物运输，没有签订运输合同时，则视为合同本身。

（2）汽车货物运输合同双方的义务

1）托运人的义务

①托运的货物名称、性质、件数、质量、体积、包装方式等应与运单记载的内容相符。

②按照国家有关部门规定需办理准运或审批、检验等手续的货物，托运时应将准运证或审批文件提交承运人，并随货同行。如果委托承运人向收货人代递有关文件，应在运单中注明文件名称和份数。

③托运的货物中，不得夹带危险货物、贵重货物、鲜活货物和其他易腐货物、易污染货物、货币、有价证券以及政府禁止或限制运输的货物等。

④托运货物的包装应当按照双方约定的方式进行。没有约定或者约定不明确的，可以协议补充；不能达成补充协议的，按照通用的方式包装，没有通用方式的，应在足以保证运输、搬运装卸作业安全和货物完好的原则下进行包装。依法应当执行特殊包装标准的，按照规定执行。

⑤应根据货物性质和运输要求，按照国家规定，正确使用运输标志和包装储运图示标志。

⑥运输途中需要照料的活动物、植物、尖端精密产品、稀有珍贵物品、文物、军械弹药、有价证券、重要票证和货币等，必须派人押运，并在运单上注明押运人员姓名及必要的情况。

⑦托运人应该按照合同的约定支付运费。

2）承运人的义务

①根据货物的需要和特性，提供适宜的车辆。承运人提供的车辆应当技术状况良好、经济适用，并能满足所运货物重量的要求。对于特种货物运输，承运人还应提供配备了符合运输要求的特殊装置或专用设备的车辆。

②承运人应当根据运送的货物情况合理安排运输车辆。货物装载重量以车辆额定吨位为限，轻泡货物以折算重量装载，不得超过车辆额定吨位和有关长、宽、高的装载规定。

③按照约定的运输路线进行运输。在起运前若需要改变运输路线，承运人则应对此情况加以通知，并按最后的路线运输。

④在约定的运输期限内将货物运达。零担货物应按批准的时限运达，快件货物应按规定的期限运达。

⑤对货物的运输安全负责，保证货物在运输过程中不受损害。

（3）货物的接收与交付

货物的接收与交付应按照如下原则进行：包装货物采取件交件收，集装箱重箱及其他施封的货物凭封志交接，散装货物原则上要磅交磅收或采用双方协商的交接方式交接。交接后双方应在有关单证上签字。

交接货物时，任何一方如果对货物的重量和内容有质疑，均可提出查验与复磅，查验和复磅的费用由责任方负担。

（4）合同的变更和解除

发生下列情况之一，物流企业和汽车承运人可以变更或解除汽车货物运输合同：

1）由于不可抗力使运输合同无法履行。

2）由于合同当事人一方的原因，在合同约定的期限内确实无法履行运输合同。

3）合同当事人违约，使合同的履行成为不可能或不必要。

4）经合同当事人双方协商同意解除或变更，但承运人提出解除运输合同的，应退还已收的运费。

（5）违约责任

1）托运人的责任

①未按合同规定的时间和要求，备好货物和提供装卸条件以及货物运达后无人收货或拒绝收货，而造成承运人车辆放空、延滞及其他损失，应负赔偿责任。

②由于物流企业的下列过错，造成承运人、站场经营人、搬运装卸经营人的车辆、机具、设备等损坏、污染或人身伤亡以及因此而引起的第三方的损失，应负责赔偿：

在托运的货物中有故意夹带危险货物和其他易腐蚀、易污染货物以及禁、限运货物等行为；错报、匿报货物的重量、规格、性质；货物包装不符合标准，包装、容器不良，而从外部无法发现；错用包装、储运图示标志。

③不如实填写运单，错报、误填货物名称或装卸地点，造成承运人错送、装货落空以及由此引起的其他损失，应负赔偿责任。

2）承运人的责任

①如果承运人未按运输期限将货物运达，应当承担违约责任；因承运人责任将货物错送或错交，可以要求其将货物无偿运到指定的地点，交给指定的收货人。运输期限是由双方共同约定的货物起运、到达目的地的具体时间。未约定运输期限的，从起运日起，按 200 km 为 1 日运距，用运输路程除以每日运距，计算运输期限。

②如果承运人未遵守双方商定的运输条件或特约事项，由此造成托运人的损失，可要求其负赔偿责任。

③货物在承运责任期间内，发生毁损或灭失，承运人应当负赔偿责任。承运责任期间是指承运人自接受货物起至将货物交付收货人（包括按照国家有关规定移交给有关部门）止，货物处于承运人掌管之下的全部时间。托运人还可以与承运人就货物在装车前和卸车后对承担的责任另外达成协议。

④如果有下列情况之一，承运人举证后可不负赔偿责任：不可抗力；货物本身的自然性质变化或者合理损耗；包装内在缺陷，造成货物受损；包装体外表面完好而内装货物毁损或灭失；托运人违反国家有关法令，致使货物被有关部门查扣、弃置或作其他处理；押运人员责任造成的货物毁损或灭失；托运人或收货人过错造成的货物毁损或灭失。

二、水路运输法规

水路运输应该遵守的法律法规包括《合同法》《中华人民共和国海商法》（以下简称《海商法》），以及交通部颁布的《国内水路货物运输规则》。其中，租用船舶进行运输还要遵守《海商法》中船舶租用合同的规定，而国内水路货物运输（包括沿海运输）则要遵守《合同法》中运输合同和交通部《国内水路货物运输规则》的规定。

1. 物流企业租用船舶进行运输

船舶租用合同是指船舶出租人将约定的配备船员或不配备船员的船舶交给承租人按约定使用，并由承租人支付租金的合同。船舶租用合同包括定期租船合同和光船租赁合同。定期租船合同是指船舶出租人向承租人提供约定的由出租人配备船员的船舶，由承租人在约定的期间内按照约定的用途使用，并支付租金的合同。光船租赁合同是指船舶出租人向承租人提供不配备船员的船舶，在约定的期间内由承租人占有、使用和营运，并向出租人支付租金的合同。

船舶租用合同中双方的义务：

（1）承租人的义务

1）保证船舶在约定航区内的安全港口或地点之间从事约定的运输。

2）保证船舶用于运输约定的合法货物。

3）按照合同约定支付租金，否则承租人有权撤船。

4）按合同约定的时间和地点交还船舶。交还船舶时，船舶应当处于与出租人交船时相同的良好状态，但是船舶本身的自然磨损除外。

（2）出租人的义务

1）按照合同约定的时间和地点交付船舶。

2）在交付船舶时，谨慎处理，使船舶适航，交付的船舶应当适于约定的用途。

3）在租期内维持船舶处于适航状态，如果船舶不符合约定的适航状态或者其他状态，应当采取可能采取的合理措施，使之尽快恢复。

4）为船舶配备合格的船员，并支付船员工资。

2. 与承运人签订水路货物运输合同进行运输

水路货物运输合同是指承运人收取运输费用，负责将托运人托运的货物经水路由一港（站、点）运至另一港（站、点）的合同。水路货物运输包括班轮运输和航次租船运输，这两种运输形式下的运输合同都属于水路货物运输合同。

（1）水路货物运输合同的订立

班轮运输形式下的运输合同一般通过订舱的方式成立。物流企业通过填写订舱单，向班轮公司或其代理机构申请货物运输。班轮公司会根据订舱单的内容，结合船舶的航线、挂靠港、船期、舱位等情况决定是否接受货物的托运。如果班轮公司决定接受托运，双方意思达成一致，合同即告成立。

航次租船运输形式下的运输合同订立往往由双方在租船市场上通过询价、报价、还价等过程，最后签订合同。

（2）运输单证

运单是水路货物运输合同的证明，而不是合同本身。运单记载的内容如果与运输合同不一致，可以视为对运输合同的变更；运单又是承运人已经接收货物的收据，它表示承运人已经按运单记载的状况接收货物，但运单不是承运人据以交付货物的凭证。

运单的内容一般包括下列各项：承运人、托运人和收货人名称；货物名称、件数、重量、体积（长、宽、高）；运输费用及其结算方式；船名、航次；起运港、中转港和到达港；货物交接的地点和时间；装船日期；运到期限；包装方式；识别标志；相关事项。

承运人接收货物应当签发运单，运单由载货船舶的船长签发，视为代表承运人签发。运单签发后承运人、承运人的代理人、托运人、到达港港口经营人、收货人各留存一份，另外一份由收货人收到货物后作为收据签还给承运人。承运人可以视情况需要增加或者减少运单份数。

(3) 水路货物运输合同中双方的义务

1) 托运人的义务

①及时办理港口、海关、检验、检疫、公安和其他货物运输所需的各项手续，并将已办理各项手续的单证送交承运人。

②所托运货物的名称、件数、重量、体积、包装方式、识别标志应当与运输合同的约定相符。

③妥善包装货物，保证货物的包装符合国家规定的包装标准；没有包装标准的，货物的包装应当保证运输安全和货物质量。

④在货物的外包装或者表面正确制作识别标志和储运指示标志。识别标志和储运指示标志应当字迹清楚、牢固。

⑤除另有约定外，应当预付运费。

⑥托运危险货物时，应当按照有关危险货物运输的规定，妥善包装，制作危险品标志和标签，并将其正式名称和危险性质以及必要时应当采取的预防措施书面通知承运人。未通知承运人或者通知有误的，承运人可以在任何时间、任何地点根据情况需要将危险货物卸下、销毁或者使之不能有害，而不承担赔偿责任。承运人知道危险货物的性质并已同意装运的，仍然可以在该项货物对于船舶、人员或者其他货物构成实际危险时，将货物卸下、销毁或者使之不能有害，而不承担赔偿责任。但是，不影响共同海上损失（简称海损）的分摊。

⑦除另有约定外，运输过程中需要饲养、照料的活动物、植物，以及尖端保密物品、稀有珍贵物品和文物、有价证券、货币等，应当向承运人申报并随船押运，在运单内注明押运人员的姓名和证件。但押运其他货物须经承运人同意。

⑧负责笨重、长大货物和舱面货物所需要的特殊加固、捆扎、烧焊、衬垫、覆盖物料和人工，卸船时拆除和收回相关物料；需要改变船上装置的，货物卸船后应当负责恢复原状。

⑨托运易腐货物和活动物、植物时，应当与承运人约定运到期限和运输要求；使用冷藏船（舱）装运易腐货物的，应当在订立运输合同时确定冷藏温度。

⑩托运木（竹）排应当按照与承运人商定的单排数量、规格和技术要求进行编扎。在船舶或者其他水上浮物上加载货物，应当经承运人同意，并支付运输费用。航行中，木（竹）排、船舶或者其他水上浮物上的人员（包括船员、排工及押运人员）应当听从承运人的指挥，配合承运人保证航行安全。

承担下列原因发生的洗舱费用：提出变更合同约定的液体货物品种；装运特殊液体货物（如航空汽油、煤油、变压器油、植物油等）需要的特殊洗舱；装运特殊污秽油类（如煤焦油等），卸后须洗刷船舱。在承运人已履行船舶适货义务的情况下，因货物的性质或者携带虫害等情况，需要对船舱或者货物进行检疫、洗刷、熏蒸、消毒的，应当由其或者收货人负责，并承担船舶滞期费等有关费用。

2) 承运人的义务

①使船舶处于适航状态，妥善配备船员、装备船舶、供应品，并使干货舱、冷藏舱、冷气舱和其他载货处所适于并能安全收受、载运和保管货物。

②按照运输合同的约定接收货物。

③妥善地装载、搬移、积载、运输、保管、照料和卸载所运货物。

④按照约定或者习惯或者地理上的航线将货物运送到约定的到达港。承运人为救助或者企图救助人命或者财产而发生的绕航或者其他合理绕航，不属于违反上述规定的行为。

⑤在约定期间或者在没有这种约定时在合理期间内将货物安全运送到约定地点。

⑥货物运抵到达港后，向收货人发出到货通知，并将货物交给指定的收货人。

（4）货物的接受与交付

托运人与承运人交接货物应按下列规定进行：除另有约定外，散装货物按重量交接；其他货物按件数交接。散装货物按重量交接的，应当约定货物交接的计量方法；没有约定的，应当按船舶水尺数计量，不能按船舶水尺数计量的，运单中载明的货物重量对承运人不构成其交接货物重量的证据。散装液体货物装船完毕，由托运人会同承运人按照每处油舱和管道阀门进行施封，施封材料由托运人自备，并将施封的数目、印文、材料品种等在运单内载明；卸船前，由承运人与收货人凭舱封交接。托运人要求在两个以上地点装载或者卸载或者在同一卸载地点由几个收货人接收货物时，计量分批及发生重量差数，均由托运人或者收货人负责。

承运人在目的港发出到货通知后，自发出通知满 30 日收货人不提取或者找不到收货人，应通知托运人，托运人应在承运人发出通知后 30 日内负责处理该批货物。如果它未在规定期限内处理货物的，承运人可以将该批货物作无法交付货物处理。

（5）合同的变更

承运人将货物交付收货人之前，托运人可以要求承运人变更到达港或者将货物交给其他收货人，但应当赔偿承运人因此受到的损失。因不可抗力致使不能在合同约定的到达港卸货的，除另有约定外，承运人可以将货物在到达港邻近的安全港口或者地点卸载，视为已经履行合同。但承运人实施该行为时应当考虑托运人或者收货人的利益，并及时通知托运人或者收货人。

（6）违约责任

1）托运人的责任

①未按合同约定提供货物应承担违约责任。

②因办理各项手续和有关单证不及时、不完备或者不正确，造成承运人损失的，应当承担赔偿责任。

③因托运货物的名称、件数、重量、体积、包装方式、识别标志与运输合同的约定不相符，造成承运人损失的，应当承担赔偿责任。

④因未按规定托运危险货物给承运人造成损失的，应当负赔偿责任。

2）承运人的责任和赔偿的范围

①承运人的赔偿责任。承运人对运输合同履行过程中货物的损坏、灭失或者迟延交付承担损害赔偿责任。如果托运人在托运货物时办理了保价运输，货物发生损坏、灭失，承运人应当按照货物的声明价值进行赔偿，但承运人证明货物的实际价值低于声明价值的，按照货物的实际价值赔偿。

货物未能在约定或者合理期间内在约定地点交付的，为迟延交付。对由此造成的损失，承运人应当承担赔偿责任。承运人未能在上述期间届满的次日起 60 日内交付货物，有权对货物灭失提出赔偿请求的人可以认为货物已经灭失。

②承运人的免责事项。承运人对运输合同履行过程中货物的损坏、灭失或者迟延交付承担损害赔偿责任，但承运人证明货物的损坏、灭失或者迟延交付是由于下列原因造成的除外：货物在运输过程中因不可抗力灭失，未收取运费的，承运人不得要求支付运费；已收取运费的，托运人可以要求返还。货物在运输过程中因不可抗力部分灭失的，承运人按照实际交付的货物比例收取运费。

③对特殊货物的特殊规定。承运人在舱面上装载货物，应当同托运人达成协议，或者符合航运惯例。承运人与托运人约定将货物配装在舱面上的，应当在运单上注明“舱面货物”。承运人依照上述规定将货物装载在舱面上，对由于此种装载的特殊风险造成的货物损坏、灭失，不承担赔偿责任。承运人违反上述规定将货物装载在舱面上，造成货物损坏、灭失的，应当承担赔偿责任。

因运输活动物、有生植物的固有的特殊风险造成活动物、有生植物损坏、灭失的，承运人不承担赔偿责任。但是，承运人应当证明业已履行托运人关于运输活动物、有生植物的特别要求，并证明根据实际情况，损坏、灭失是由于此种固有的特殊风险造成的。

(7)《国内水路货物运输规则》对航次租船运输的特别规定

1）对航次租船运输的约定。除了使船舶适航和不得进行不合理绕航的规定强制适用于航次租船的出租人外，其他有关合同当事人之间的权利、义务的规定，仅在航次租船运输形式下的运输合同没有约定，或者没有不同约定时适用于出租人和承租人。

2）有关出租人的规定。出租人应当按照合同的约定提供船舶舱位；只有经承租人同意，出租人才可以更换船舶。但提供的船舶舱位或者更换的船舶不符合合同约定的，承租人有权拒绝或者解除合同。因出租人责任未提供约定的船舶舱位造成承租人损失的，出租人应当承担赔偿责任。出租人在约定的受载期限内未提供船舶舱位的，承租人有权解除合同。

3）有关承租人的规定。承租人应当提供约定的货物；经出租人同意，可以变更货物。但是更换的货物对出租人不利的，出租人有权拒绝或者解除合同。未提供约定的货物造成出租人损失的，承租人应当承担赔偿责任。

三、铁路运输法规

铁路货物运输要遵守铁路法和合同法等相关规定。

铁路货物运输合同是指铁路承运人根据托运人的要求，按期将托运人的货物运至目的地，交与收货人的合同。

铁路货物运输合同可分为整车货物运输合同和零担货物运输合同。整车货物运输合同是指铁路承运人和托运人约定将货物用一整辆货车来装载运送的铁路货物运输合同。零担货物运输合同是指铁路承运人与托运人就不需要整车运输的少量货物签订的铁路货物运输合同。

1. 铁路货物运输合同的订立

（1）合同订立的程序

对于大宗货物的运输，物流企业可以与铁路承运人签订年度、半年度、季度运输合同，双方经过谈判协商，最后双方意思达成一致合同即成立。零担货物的运输，以铁路的货物运单代替运输合同。合同订立具体表现为货物的托运和承运，托运人按照货物运单的有关要求填写，经铁路承运人确认，并验收核对托运货物无误后，合同即告成立。

（2）货物的承运

铁路承运人在对托运人托运的货物进行清点，确认无误后，将会办理承运手续。铁路承运人会对填报的货物的品名、重量、数量进行检查。

铁路货物运输可以按照货物的件数或重量进行承运，也可以同时按照货物的件数和重量进行承运。在发站由托运人组织装车、在到站由收货人组织卸车的货物，可以按照托运人在货物运单上填写的件数承运。整车货物和集装箱货物，由托运人来确定重量；零担货物由承运人确定重量，并收取过秤费。

2. 铁路货物运输合同中双方的义务

（1）托运人的义务

1）应当按照合同的约定向铁路承运人提供运输的货物。

2）要如实申报货物的品名、重量和性质。

3）对货物进行包装，以适应运输安全的需要。对于包装不良的，铁路承运人有权要求其加以改善，如果拒不改善，或者改善后仍不符合运输包装要求，承运人有权拒绝承运。

4）托运零担货物，应在每一件货物两端各粘贴或钉固一个用坚韧材料制作的清晰明显的标记（货签）。还应该根据货物的性质，按照国家标准，在货物包装上做好储运图示标志。

5）要按照规定支付运费。双方可以约定由托运人在货物发运前支付运费，也可以约定到站后由收货人支付运费。但通常铁路运费都是由托运人在发运站承运货物当日支付。如果托运人不支付运费，铁路承运人可以不予承运。

（2）铁路承运人的义务

1）及时运送货物。铁路承运人应当按照铁路运输的要求，及时组织调度车辆，做到列车正点到达。铁路承运人应当按照全国约定的期限或者铁道部规定的期限，将货物运到目的站。

2）保证货物运输的安全，对承运的货物妥善处理。铁路承运人对于承运的容易腐烂的货物和活动物，应当按照铁道部的规定和双方的约定，采取有效的保护措施。

3）货物运抵到站后，及时通知收货人领取货物，并将货物交付收货人。

3. 无法交付货物

无法交付货物是指货物按期运抵到站后，收货人未在规定期限内及时领取货物或者托运人没有在规定期限内及时提出具体的处理意见，而导致承运人无法及时地将货物交付出去的情况。

如果自承运人发出领取货物的通知之日起满 30 日仍无人领取货物，或者收货人书面通知承运人拒绝领取货物，承运人会通知托运人，如果托运人自接到通知之日起满 30 日未作答复的，该货物将由承运人变卖；所得价款在扣除保管等费用后尚有余款的，退还给托运人；无法退还，而自变卖之日起 180 日内托运人又未领回的，将上缴国库。对危险物品和规定限制运输的物品，承运人将其移交给公安机关或者有关部门处理，不能自行变卖。对于不宜长期保存的物品，承运人可以按照铁道部的规定缩短处理期限。

4. 合同的变更和解除

铁路货物运输合同经双方同意，并在规定的变更范围内可以办理变更。托运人由于特殊原因，经承运人同意，对承运后的货物可以按批在货物的中途站或到站办理变更到站、变更收货人。但在下列情况下，不得办理：

（1）违反国家法律、行政法规、物资流向或运输限制。

（2）变更后的货物运输期限大于货物容许运送的期限。

（3）对一批货物中的部分货物进行变更。

（4）第二次变更到站。

在承运人同意承运货物后至其发货前，经双方协商一致，可以解除铁路货物运输合同。托运人要求变更或解除合同时，要提交领货凭证和货物运输变更要求书，不能提交领货凭证的时候，要提交其他的有效证明文件，并在货物运输变更要求书内注明，还应该按照规定支付费用。

5. 违约责任

（1）托运人的责任

1）由于物流企业错报或匿报货物的品名、重量、数量、性质而导致承运人的财产损失的，要承担赔偿责任。

2）由于物流企业对货物的真实情况申报不实，而使承运人少收取了运费，要补齐运费并按规定另行支付一定的费用。

3）承担由于货物包装上的从外表无法发现的缺陷，或者由于未按规定标明储运图示标志而造成的损失。

4）在托运人负责装车的情况下，由于加固材料的不合格或在交接时无法发现的违反装载规定而造成的损失，由托运人承担责任。

（2）承运人的责任

1）货损责任。铁路承运人应当对承运的货物自接受承运时起到交付时止发生的灭失、短少、变质、污染或者损坏，承担赔偿责任。托运人办理了保价运输，按照实际损失赔偿，但最高不超过保价额。托运人未办理保价运输，按照实际损失赔偿，但最高不超过铁路部门规定的赔偿限额；损失是由于承运人的故意或者重大过失造成的，不适用赔偿限额的规定，按照实际损失赔偿。

2）迟延交付的责任。承运人应当按照合同约定的期限或者铁道部门规定的期限，将货物运到目的站；逾期运到的，承运人应当支付违约金。违约金的计算以运费为基础，按比例退还。对于超限货物、限速运行的货物、免费运输的货物以及货物全部灭失的情况，则承运人不支付违约金。如果迟延交付货物造成收货人或托运人的经济损失，承运人应当赔偿。承运人逾期 30 日仍未将货物交付收货人的，托运人、收货人有权按货物灭失向承运人要求赔偿。

3）承运人的免责事项。由于下列原因造成的货物损失，铁路承运人不承担赔偿责任：不可抗力；货物本身的自然属性，或者合理损耗；托运人或者收货人的过错。

四、航空运输法规

航空货物运输要遵守《民用航空法》《合同法》及中国民用航空局颁布的《中国民用航空货物国内运输规则》。

1. 物流企业与航空公司签订包机合同进行运输

包机合同是指航空公司按照合同约定的条件把整架飞机或飞机的部分舱位租给包机人，把货物由一个或几个航空港运到指定目的地，并由包机人支付约定费用的合同。

（1）包机合同的签订

包机合同的签订要经过要约和承诺的过程。

（2）包机合同中双方的义务

我国有关法律法规并未对包机合同作具体规定，因而双方当事人的义务主要靠所签订的包机合同条款来确定。一般来说，双方应分别承担下列义务：

1）包机人应承担的义务

①提供包机合同中约定的货物，并对货物进行妥善的包装。

②按照约定支付费用。

2）出租人应承担的义务

①按照合同约定提供适宜货物运输的飞机或舱位。

②按照合同约定的期限将货物运到目的地。

③保证货物运输的安全。

2. 物流企业通过签订航空货物运输合同进行运输

航空货物运输合同是指航空承运人与托运人签订的，由航空承运人通过空运的方式将货物运至托运人指定的航空港，交付给托运人指定的收货人，由托运人支付运费的合同。

航空货物运输合同订立的过程主要表现为托运人托运和承运人承运的过程。

航空货物运输合同双方的义务包括托运人的义务和承运人的义务。

（1）托运人的义务

1）应当按照航空货物运输合同的约定提供货物。

2）应对货物按照国家主管部门规定的包装标准进行包装。没有上述包装标准，则应按照货物的性质和承载飞机的条件，根据保证运输安全的原则，对货物进行包装。不符合上述包装要求，承运人有权利拒绝承运。必须在托运的货件上标明发站、到站和托运人、收货人的单位、姓名和地址，按照国家规定标明包装储运指示标志。

3）要及时支付运费。除非托运人与承运人有不同约定，运费应当在承运人开具航空货运单时一次付清。

4）如实申报货物的品名、重量和数量。

5）要遵守国家有关货运安全的规定，妥善托运危险货物，并按国家关于危险货物的规定对其进行包装。不得以普通货物的名义托运危险货物，也不得在普通货物中夹带危险品。

6）应当提供必需的资料和文件，以便在货物交付收货人前办理法律、行政法规规定的有关手续。

（2）承运人的义务

1）按照航空货运单上填明的地点，在约定的期限内将货物运抵目的地。

2）按照合理或经济的原则选择运输路线，避免货物的迂回运输。

3）对承运的货物应当严格按照货物包装上的储运指示标志作业，防止货物损坏。

4）保证货物运输安全。

5）按货运单向收货人交付货物。

五、仓储相关法规

仓储主要遵守《合同法》中仓储合同、保管合同和租赁合同的有关规定。仓储合同是保管人储存存货人交付的仓储货物，存货人支付仓储费的合同。

仓储合同的形式一般为仓单。

1. 仓单

仓单是由保管人在收到仓储物时向存货人签发的货物单证。仓单是提取仓储物的凭证。存货人或者仓单持有人在仓单上背书并经保管人签字或者盖章的，可以转让提取仓储物的权利。

仓单包括下列事项：

（1）存货人的名称或者姓名和住所。

（2）仓储物的品种、数量、质量、包装、件数和标记。

（3）仓储物的损耗标准。

（4）储存场所。

（5）储存期间。

（6）仓储费。

（7）仓储物已经办理保险的，其保险金额、期间以及保险人的名称。

（8）填发人、填发地和填发日期。

2. 仓储双方的义务

（1）仓储合同保管方的义务

1）存货人交付仓储物的，保管人应当给付仓单。保管人应当在仓单上签字或者盖章。

2）保管人应当按照约定对入库仓储物进行验收。保管人验收时发现入库仓储物与约定不符合的，应当及时通知存货人。

3）保管人根据存货人或者仓单持有人的要求，应当同意其检查仓储物或者提取样品。

4）保管人对入库仓储物发现有变质或其他损坏的，应当及时通知存货人或仓单持有人。

5）保管人对入库仓储物发现有变质或者其他损坏，危及其他仓储物的安全和正常保管的，应当催告存货人或者仓单持有人作出必要的处置。因情况紧急，保管人可以作出必要的处置，但事后应当将该情况及时通知存货人或者仓单持有人。

（2）仓储合同存货方的义务

1）储存易燃、易爆、有毒、有腐蚀性、有放射性等危险物品或者易变质物品，存货人应当说明该物品的性质，提供有关资料。

2）储存期间届满，存货人或者仓单持有人应当凭仓单提取仓储物。

3）支付仓储费和其他相关费用。

3. 违约责任

（1）保管人验收后，发生仓储物的品种、数量、质量不符合约定的，保管人应当承担损害赔偿责任。

（2）储存期间届满，存货人或者仓单持有人逾期提取的，应当加收仓储费；提前提取的，不减收仓储费。

（3）储存期间，因保管人保管不善造成仓储物毁损、灭失的，保管人应当承担损害赔偿责任。因仓储物的性质、包装不符合约定或者超过有效储存期造成仓储物变质、损坏的，保管人不承担损害赔偿责任。

4. 保税货物和保税仓库概述

保税货物仓储是国际物流中的一项重要内容。其中的法律问题不仅与合同法等有关，还与国家颁布的口岸法律、法规和政策有关。

保税货物是指经过海关批准未办理纳税手续进境，在境内储存、加工、装配后复运出境的货物。一般需要储存的保税货物包括来料加工或加工料件、维修零配件、供应国际航行船舶的燃料和零配件、外商寄存或暂存的货物、转口贸易货物、免税品商店进口的货物等。

保税仓库则是指经海关核准的专业存放保税货物的专用仓库。除对所存货物免交关税外，保税仓库还可能提供其他的优惠政策（如免领进出口许可证或其他进出口批件）和便利的仓储、运输条件，以吸引外商的货物储存和从事包装等业务。

国际上通行的保税制度是，进境存入保税仓库的货物可暂时免纳进口税款，免领进口许可证或其他进口批件，在海关规定的存储期内复运出境或办理进口手续。1988 年我国加入了《关于简化和协调海关业务制度的国际公约》（简称《京都公约》）的《关于保税仓库的附约》。2004 年 2 月 1 日，我国海关对保税仓库及所存货物的管理规定正式生效。

根据我国海关法、海关对保税仓库及所存货物的管理规定及海关对保税货物和保税仓库监管暂行办法的有关规定，保税货物的仓储有许多具体的要求。

六、包装法律、法规

1. 与包装相关的法律规范

（1）包装与合同法律规范

（2）包装与产品质量法

（3）包装与商标法

（4）包装与不正当竞争法

2. 普通货物包装所适用的法律法规

到目前为止，我国还没有关于包装的专门法律，也没有专门的物流法律和规范，有关货物包装的规定分散于各个法律部门的多个法律、法规之中，与货物销售、运输、仓储等有关的法律、行政法规、部门规章、国际公约中都包含了对包装的规定。常见的有合同法、产品质量法、反不正当竞争法、食品卫生法、海商法、公路汽车货物运输规则、国内水路货物运输规则、联合国国际货物销售合同公约。除此之外，还包括有关部门颁布的包装标准，如一般货物运输包装通用技术条件、运输包装件尺寸界限、包装储运图示标志、运输包装件基本实验等。

3. 普通货物包装法律关系中的权利和义务

包装条款的内容，一般包括以下三个方面：（1）包装的提供方；（2）包装材料和方式；（3）运输标志。

4. 危险品的包装

危险品是指具有爆炸、易燃、毒害、腐蚀、放射性等性质，在运输、装卸和存储保管过程中容易造成人身伤亡和财产损毁而需要特别防护的货物。

危险品一般有九大类：（1）爆炸品；（2）压缩气体和液化气体；（3）易燃液体；（4）易燃固体、自燃物品和遇湿易燃品；（5）氧化剂和有机过氧化物；（6）毒害品和感染性物品；（7）放射性物品；（8）腐蚀品；（9）杂类（指在运输过程中呈现的危险性质不包括在上述 8 类危险货物中的物品，如带有磁性的某些物品）。

铁路危险货物包装根据其内装物的危险程度划分为 1 类包装、2 类包装、3 类包装三种包装类别。

七、配送的有关法律

1. 配送的有关法律问题

配送合同并无法定概念，但要对配送合同展开论述则必须先明确其概念。配送合同是指配送人根据用户需要为用户配送商品并由用户支付配送费的合同。

2. 配送合同的法律属性

配送合同是将买卖、仓储、运输、承揽和委托等合同的某些特点进行有机结合的一种无名合同。

配送合同是无名合同，无名合同又称非典型合同，是相对于有名合同而言，是指合同法或其他法律尚未明文规定、未赋予一定名称的合同，对于配送合同，合同法并未予以规范，而其他法律也尚无明文规定，因此配送合同是一种无名合同。虽然无名合同没有受到法律的直接明确的规范，但是当事人有权根据自己的意愿来创设任何类型的合同，因此只要配送合同符合合同生效的要求，就具有法律上的约束力。

八、环境保护法

水路运输中应该注意防止船舶对海洋的污染，应该遵守《中华人民共和国海洋环境保护法》第八章防治船舶及有关作业活动对海洋环境的污染损害的有关规定。具体如下：

（1）在中华人民共和国管辖海域，任何船舶及相关作业不得向海洋排放污染物、废弃物和压载水、船舶垃圾及其他有害物质。

（2）船舶必须按照有关规定持有防止海洋环境污染的证书与文书，在进行涉及污染物排放及操作时，应当如实记录。

（3）国家完善并实施船舶油污损害民事赔偿责任制度；按照船舶油污损害赔偿责任由船东和货主共同承担风险的原则，建立船舶油污保险、油污损害赔偿基金制度。

（4）交付船舶装运污染危害性货物的单证、包装、标志、数量限制等，必须符合对所装货物的有关规定。需要船舶装运污染危害性不明的货物，应当按照有关规定事先进行评估。

装卸油类及有毒有害货物的作业，船岸双方必须遵守安全防污操作规程。

（5）进行下列活动，应当事先按照有关规定报经有关部门批准或者核准：

1）船舶在港区水域内使用焚烧炉。

2）船舶在港区水域内进行洗舱、清舱、驱气、排放压载水、排残油、含油污水接收、舷外拷铲及油漆等作业。

3）船舶、码头、设施使用化学消油剂。

4）船舶冲洗粘有污染物、有毒有害物质的甲板。

5）船舶进行散装液体污染危害性货物的过驳作业。

6）从事船舶水上拆解、打捞、修造和其他水上、水下船舶施工作业。

九、劳动法

物流从业人员和企业在劳动管理方面应该遵守《中华人民共和国劳动法》。

1. 劳动合同

劳动合同是劳动者与用人单位确立劳动关系、明确双方权利和义务的协议。

物流企业和物流从业人员建立劳动关系应当订立劳动合同。

订立和变更劳动合同，应当遵循平等自愿、协商一致的原则，不得违反法律、行政法规的规定。劳动合同依法订立即具有法律约束力，当事人必须履行劳动合同规定的义务。

劳动合同应当以书面形式订立，并具备以下条款：劳动合同期限；工作内容；劳动保护和劳动条件；劳动报酬；劳动纪律；劳动合同终止的条件；违反劳动合同的责任。

2. 工作时间和休息休假

国家实行劳动者每日工作时间不超过 8 h，平均每周工作时间不超过 44 h 的工时制度。用人单位应当保证劳动者每周至少休息 1 日。

用人单位由于生产经营需要，经与工会和劳动者协商后可以延长工作时间，一般每日不得超过 1 h；因特殊原因需要延长工作时间的，在保障劳动者身体健康的条件下延长工作时间每日不得超过 3 h，但是每月不得超过 36 h。

第 2 节　物流相关国际法规

一、海商法

《中华人民共和国海商法》（简称海商法）对船舶、船员、海上货物运输合同、海上旅客运输合同、船舶租用合同、海上拖航合同、船舶碰撞、海难救助、共同海损、海事赔偿责任限制、海上保险合同、时效、涉外关系的法律适用等问题进行了规定。

二、国际货物运输相关法规

1. 国际铁路货物运输

我国是《国际铁路货物联运协定》（简称《国际货协》）的缔约国，物流企业在办理国际铁路货物运输时要遵守该公约的规定。该公约与国内铁路货物运输相比，有很多不同之处。

（1）运单的性质和作用

根据《国际货协》的规定，运单的法律性质和作用如下：

1）运单是国际铁路货物运输合同的证明。

2）运单是铁路方收到货物和承运运单所列货物的内容的表面证据。

3）运单是铁路方在终点到站向收货人检收运杂费和点交货物的依据。

4）运单是货物出、入沿途各国海关的必备文件。

5）运单是买卖合同支付货款的主要单证。

（2）合同双方的义务

1）托运人的义务。物流企业作为托运人，除了要遵守国内铁路运输中托运人须遵守的义务以外，还必须遵守以下义务：必须将在货物运送全程为履行海关和其他规章所需要的添附文件附在运单上，必要时，还须附有证明书和明细书。这些文件只限与运单中所记载的货物有关。如果物流企业不履行这项义务，承运人应拒绝承运。

2）承运人的义务。与国内铁路运输中承运人的义务相同。

（3）合同的变更

《国际货协》明确规定合同变更的权利属于托运人，托运人对合同可作下列变更：

1）在发站将货物领回。

2）变更到站，此时在必要的情况下应注明货物应通过的国境站。

3）变更收货人。

4）将货物返还发站。

托运人在变更合同时，不准将一批货物分开办理，只能变更一次合同。

铁路在下列情况下，有权拒绝变更合同或延缓执行这种变更：应执行变更合同的铁路车站，接到申请书或发站或到站的电报通知后无法执行时；违反铁路运营管理时；与参加运送铁路所属国家现行法令和规章有抵触时；在变更到站的情况下，货物的价值不能抵偿运到新到站的一切费用时，但能立即交付或能保证这项费用的款额时除外。

（4）承运人的责任

《国际货协》详细规定了承运人对货物的灭失、损坏和延迟交付的赔偿责任。

1）对于货物全部或部分灭失，铁路的赔偿金额应按外国出口方在账单上所开列的价格计算；如发货人对货物的价格另有声明时，铁路应按声明的价格予以赔偿。

2）如果货物遭受损毁，铁路应赔付相当于货物价格减损失金额的款额，不赔偿其他损失。声明价格的货物毁损时，铁路应按照相当于货物由于毁损而减低价格的百分数支付声明价格的部分赔款。

3）如果货物逾期运到，铁路应以所收运费为基础，按逾期的长短，向收货人支付规定的逾期罚款。如果货物在某一铁路段逾期，而在其他铁路段都早于规定的期限运到，则确定逾期的同时，应将上述期限相互抵消。对货物全部灭失予以赔偿时，不得要求逾期罚款。如运到逾期的货物部分灭失时，只对货物的未灭失部分支付逾期罚款。如逾期运到的货物毁损时，除货物毁损的赔款额外，还应加上运到逾期罚款。

4）铁路对货物赔偿损失的金额，在任何情况下都不得超过货物全部灭失时的数额。

2. 国际海上货物运输

在我国，国际海上货物运输适用海商法第四章的规定，我国大陆至港澳台的海上货物运输，目前比照国际海上货物运输处理。

（1）海上货物运输合同的订立

海上货物运输合同是指承运人收取运费，负责将托运人托运的货物经海路由一港运至另一港的合同。这里所指的海上货物运输单指国际海上货物运输。

海上货物运输合同的订立过程为询价→报价→磋商。

在合同的形式方面，海商法规定航次租船合同应当书面订立。

在合同的条款方面，海商法规定了承运人的最低义务和责任，该规定是强制性的，不允许当事人双方通过约定予以排除。

（2）运输单证

海商法规定，提单是指用以证明海上货物运输合同和货物已经由承运人接收或者装船，以及承运人保证据以交付货物的单证。

1）提单的作用。提单不仅具有海上货物运输合同证明和承运人接管货物或将货物装船的证明的作用，而且是承运人保证据以交付货物的凭证。如果是记名提单，承运人应向提单上载明的收货人交付货物；如果是指示提单，承运人应按照指示人的指示交付货物；如果是不记名提单，则承运人应向提单的持有人交付货物。

2）提单的转让。除记名提单外，指示提单和不记名提单均可以转让，其中指示提单通过记名背书或者空白背书进行转让，不记名提单则无须背书即可转让。

（3）合同双方的义务

1）托运人的义务

①应当妥善包装，并向承运人保证货物装船时所提供的货物的品名、标志、包数或者件数、重量或者体积的正确性。

②及时向港口、海关、检疫、检验和其他主管机关办理货物运输所需要的各项手续，并将已办理各项手续的单证送交承运人。

③正确托运危险货物。

④按照约定向承运人支付运费。

2）承运人的义务。同国内水路货物运输合同的规定基本一致。

（4）合同的变更和解除

1）船舶在装货港开航前，作为托运人的物流企业可以要求解除合同。但是，除合同另有约定外，托运人应当向承运人支付约定运费的一半；货物已经装船的，应当负担装货、卸货和其他与此有关的费用。

2）船舶在装货港开航前，因不可抗力或者其他不能归责于承运人和物流企业的原因致使合同不能履行的，双方均可以解除合同，并互相不负赔偿责任。除合同另有约定外，运费已经支付的，承运人应当将运费退还给托运人；货物已经装船的，托运人应当承担装卸费用；已经签发提单的，托运人应当将提单退还承运人。

（5）承运人的责任

海商法详细规定承运人在责任期间内货物发生的灭失、损坏和迟延交付的赔偿责任。

1）承运人的责任期间。承运人的责任期间是指承运人对货物应负责的期间。

①承运人对集装箱货物的责任期间，为从装货港接收货物时起至卸货港交付货物时止，货物处于承运人掌管之下的全部期间。

②承运人对非集装箱货物的责任期间，为从货物装上船时起至卸下船时止，货物处于承运人掌管之下的全部期间。但是承运人可以与托运人就非集装箱装运的货物，在装船前和卸船后所承担的责任达成协议。

2）承运人的免责事项

①船长、船员、引航员或者承运人的其他受雇人在驾驶船舶或者管理船舶中的过失。

②火灾，但是由于承运人本人的过失所造成的除外。

③天灾，海上或者其他可航水域的危险或者意外事故。

④战争或者武装冲突。

⑤政府或者主管部门的行为、检疫限制或者司法扣押。

⑥罢工、停工或者劳动受到限制。

⑦在海上救助或者企图救助人命或者财产。

⑧托运人、货物所有人或者他们的代理人的行为。

⑨货物的自然特性或者固有缺陷。

⑩货物包装不良或者标志欠缺、不清。

⑪经谨慎处理仍未发现的船舶潜在缺陷。

⑫非由于承运人或者承运人的受雇人、代理人的过失造成的其他原因。

3）承运人的责任限制

①承运人对货物的灭失或者损坏的赔偿限额，按照货物件数或者其他货运单位数计算，

每件或者每个其他货运单位为 666.67 计算单位，或者按照货物毛重计算，每公斤为 2 计算单位，以两者中赔偿限额较高的为准。但是，托运人在货物装运前已经申报其性质和价值，并在提单中载明的，或者承运人与托运人已经另行约定高于本条规定的赔偿限额的除外。

②承运人对货物因迟延交付造成经济损失的赔偿限额，为所迟延交付的货物的运费数额。货物的灭失或者损坏和迟延交付同时发生的，承运人赔偿责任限额适用货物灭失或损坏的限额。

4）承运人责任限制丧失的条件

①经证明，货物的灭失、损坏或者迟延交付是由于承运人的故意或者明知可能造成损失而轻率地作为或者不作为造成的，承运人丧失限制赔偿责任的权利。

②经证明，货物的灭失、损坏或者迟延交付是由于承运人的受雇人、代理人的故意或者明知可能造成损失而轻率地作为或者不作为造成的，承运人的受雇人或者代理人丧失限制赔偿责任的权利。

（6）国际海上货物运输公约

主要有 3 个：1924 年的《统一提单的若干法律规则的国际公约》（简称《海牙规则》）、1968 年的《修改统一提单的若干法律规则的国际公约的议定书》（简称《维斯比规则》），1978 年的《联合国海上货物运输公约》（简称《汉堡规则》）。

《海牙规则》和《维斯比规则》都是只适用于提单所证明的海上货物运输合同，包括航次租船合同项下签发的提单，而不适用于航次租船合同本身。而《汉堡规则》则适用于海上运输合同，而不适用于航次租船合同。

1）《海牙规则》的主要规定

①承运人的最低限度义务。即承运人负有使船舶适航和合理管货两项最低限度的义务。提单中如果有相反的规定，该规定无效。

②承运人的免责事项。《海牙规则》所规定的承运人的 17 项免责事项与我国海商法的规定基本一致。

③承运人的责任期间。即从货物装上船之时起至卸离船舶之时止。至于装前卸后这段时间内的货物责任，托运人和承运人可自行约定，不受《海牙规则》各项规定的约束。

④承运人的责任限制。即承运人对每件货物或每一计费单位的货物的责任限额为 100 英镑，但对于托运人已经声明价值的货物，则应按声明价值赔偿。

⑤托运人的基本义务。即提供托运的货物，并保证所提供的货物情况的正确性；不得擅自装运危险品。

⑥诉讼时效为 1 年。自货物交付之日起计算，如果货物灭失，则自货物应交付之日起计算。

2）《维斯比规则》对《海牙规则》的主要修改

①明确了提单的最终效力。即当提单已经转让给第三人时，相反的证据不予采用。

②提高了承运人的责任限额。承运人的责任限额提高到每件或每单位 10 000 金法郎或货物毛重每公斤 30 金法郎，两者中较高的为准。1979 年议定书将计算单位由金法郎改为特别提款权。此外，还特别规定，如经证实，货物损失是由于承运人的故意或明知可能造成损失而轻率地作为或不作为造成的，承运人就丧失享受责任限制的权利。

③扩大了责任限制的适用对象。即适用于就运输合同所涉及的有关货物的灭失或损坏对承运人所提出的任何诉讼，不论该项诉讼是以合同为根据还是以侵权行为为根据，并且承运人的受雇人或代理人有权援引《海牙规则》中承运人的各项抗辩和责任限制的规定。

3）《汉堡规则》的重大变革

①承运人责任原则的变更。即抛弃了《海牙规则》的不完全过错责任原则，取消了承运人免责事项中的航海过失免责和火灾免责两项，而实行完全的过错责任原则。

②延长了承运人的责任期间。将承运人的责任期间延长至从承运人接收货物时起至承运人交付货物时止，货物在承运人掌管下的期间。

③明确规定了承运人迟延交货的责任。

④又一次提高了承运人的责任限额。即承运人的责任限额提高到了每件或每单位 835 特别提款权或毛重每公斤 2.5 特别提款权，以两者较高的为准，并且规定承运人迟延交付的责任限额为迟延交付货物的应付运费的 2.5 倍，但不得超过合同中规定应付运费的总额。

⑤延长了诉讼时效。诉讼时效规定为 2 年。

3. 国际航空货物运输

我国加入了《统一国际航空运输某些规则的公约》（简通《华沙公约》）及《海牙议定书》。航空法中对国际航空货物运输的部分事项也作了特别规定。

（1）货物的托运和承运

国际航空货物运输的托运和承运的过程与国内航空运输基本一致，只是在航空货运单的填写方面，国际航空运输明确要求航空货运单应当由托运人填写，同时明确了承运人根据托运人的请求填写货运单的，在没有相反证据的情况下，应当视为代托运人填写，进一步明确了承运人和托运人之间填制货运单的责任。

（2）合同中双方的义务

与国内航空货物运输是一致的。

（3）承运人的责任

1）承运人的免责事项。《华沙公约》和《海牙议定书》规定，在下列情况下，承运人可以免除或减轻其责任：

①如果承运人证明自己和他的代理人为了避免损失的发生，已经采取了一切必要的措施，或者不可能采取这种措施时，即可免责。

②如果承运人能证明损失是由于受损方的过失所引起或助成的，则可视情况免除或减轻责任。

2）承运人的责任限额

①《航空法》规定

a. 国际航空货物运输承运人的赔偿责任限额，为每公斤 17 计算单位（特别提款权）。

b. 在国际航空运输中，承运人同意未经填具航空货运单而载运货物的，或者航空货运单上未依照所适用的国际航空运输公约的规定而在首要条款中作出此项运输适用该公约的声明的，承运人无权援用《航空法》第 129 条有关赔偿责任限制的规定。

②《华沙公约》规定。货物的灭失、损坏或迟延交付，承运人的最高赔偿限额为每公斤 250 金法郎，但托运人在向承运人交货时，特别声明货物运到后的价值，并已缴付必要的附加费，则不在此限。

③《海牙议定书》规定。如经证明造成损失系出于承运人、其雇佣人或代理人故意造成损失或明知可能造成损失而漠不关心的行为，并证明他是在执行其受雇职务范围内的行为的，则不适用公约的责任限额。

4. 国际货物多式联运

在国际货物多式联运领域内，较有影响的国际公约主要有 3 个：1980 年《联合国国际货物多式联运公约》、1973 年《联运单证统一规则》以及 1991 年《多式联运单证规则》。这 3 个公约与我国的规定相比较，主要的不同点在于联运经营人的责任制度。

（1）多式联运经营人的责任基础

我国采用了网状责任制，而 3 个公约则分别采取了不同的责任制度。

1）《联合国国际货物多式联运公约》的规定。该公约实行修正后的统一责任制，多式联运经营人对全程运输负责。不管是否能够确定货运事故发生的实际运输区段，都适用公约的规定。但是，若货运事故发生的区段适用的国际公约或强制性国家法律规定的赔偿责任限额高于公约规定的赔偿责任限额，则应该按照该国际公约或国内法的规定限额进行赔偿。

该公约实行推定过失责任制，即如果造成货物灭失、损坏或迟延交付的事故发生在联运责任期间，联运经营人就应负赔偿责任，除非联运经营人能证明其本人、雇佣人或代理人等为避免事故的发生及后果已采取了一切所能合理要求的措施。

2）《联运单证统一规则》的规定。该规则实行网状责任制。如果能够确定灭失、损坏发生的运输区段，多式联运经营人的责任应按适用于该运输区段的强制性国内法或国际公约的规定办理。如不能确定灭失、损坏发生的区段，则按本规则的规定办理。

该规则对多式联运经营人实行推定过失责任制，具体规定类似于《汉堡规则》的承运人推定过失责任制。

3）《多式联运单证规则》的规定。该规则实行一种介于网状责任制和统一责任制之间的责任形式。总体上采用推定过失责任原则，但是对于水上运输的区段，实际上仍采用了《海牙—维斯比规则》的不完全过失责任制。该规则规定，多式联运经营人对海上或内河运输中由于下列原因造成的货物灭失或损坏以及迟延交付，不负赔偿责任：船长、船员、引航员或受雇人在驾驶或管理船舶中的行为疏忽或过失；火灾（除非由于承运人的实际过失或私谋而造成）。

（2）多式联运经营人的赔偿责任限额

1）《联合国国际货物多式联运公约》的规定。该公约规定，多式联运包括水运者，每包或其他货运单位的最高赔偿数额不得超过 920 特别提款权，或者按毛重每公斤不得超过 2.75 特别提款权计算，以其中较高者为准；如联运中不包括水运，则按毛重每公斤不超过 8.33 特别提款权计算，单位限额不能造用。关于迟延交付的限额为所迟延交付的货物应付运费的总额。

如经证明，货物的灭失、损坏或迟延交付系多式联运经营人故意或者明知可能而轻率地作为或不作为所引起，多式联运经营人便丧失上述责任限制的权利。

2）《联运单证统一规则》的规定。该规则规定，如果能够知道货物损失发生的运输区段，多式联运经营人的责任限额依据该区段适用的国际公约或强制性国内法的规定确定。如果不能确定损失发生的区段，则责任限额为货物毛重每公斤 30 金法郎，除非经联运经营人同意，发货人已就货物申报较高的价值，则不在此限。但是，在任何情况下，赔偿金额都不应超过有权提出索赔的人的实际损失。

3）《多式联运单证规则》。该规则规定，如果能够确定货物损失发生的运输区段，则应适用该区段造用的国际公约或强制性国内法确定的责任限额。如不能确定损失发生的区段，如果运输方式中包含水运，其责任限额为每件或每单位 666.67 特别提款权或者毛重每公斤 2 特别提款权，以其中较高的为准；如果不包含水运，责任限额则为每公斤 8.33 特别提款权。如果发货人已对货物价值作出声明的，则应以声明价值为限。

三、口岸管理法律法规

1.《中华人民共和国海关法》

（1）进出境运输工具

《中华人民共和国海关法》（以下简称《海关法》）关于进出境运输工具的规定如下：

1）进出境运输工具到达或者驶离设立海关的地点时，运输工具负责人应当向海关如实申报，交验单证，并接受海关监管和检查。

2）进境运输工具在进境以后向海关申报以前，出境运输工具在办结海关手续以后出境以前，应当按照交通主管机关规定的路线行进；没有规定的，由海关指定行进路线。

3）进出境船舶、火车、航空器到达和驶离时间、停留地点、停留期间更换地点以及装卸货物、物品时间，运输工具负责人或者有关交通运输部门应当事先通知海关。

4）运输工具装卸进出境货物、物品，应当接受海关监管。货物、物品装卸完毕，运输工具负责人应当向海关递交反映实际装卸情况的交接单据和记录。

5）海关检查进出境运输工具时，运输工具负责人应当到场，并根据海关的要求开启舱室、房间、车门；有走私嫌疑的，并应当开拆可能藏匿走私货物、物品的部位，搬移货物、物料。

(2) 进出境货物

1) 货物的概念。过境、转运和通运货物是指由境外启运、通过中国境内继续运往境外的货物。其中，通过境内陆路运输的，称过境货物；在境内设立海关的地点换装运输工具，而不通过境内陆路运输的，称转运货物；由船舶、航空器载运进境并由原装运输工具载运出境的，称通运货物。保税货物是指经海关批准未办理纳税手续进境，在境内储存、加工、装配后复运出境的货物。海关监管区是指设立海关的港口、车站、机场、国界孔道、国际邮件互换局（交换站）和其他有海关监管业务的场所，以及虽未设立海关，但是经国务院批准的进出境地点。

2)《海关法》关于进出境货物的规定

① 进口货物的收货人、出口货物的发货人应当向海关如实申报，交验进出口许可证和有关单证。

进口货物的收货人应当自运输工具申报进境之日起 14 日内，出口货物的发货人除海关特准的外应当在装货的 24 小时以前向海关申报。

② 进出口货物应当接受海关查验。海关查验货物时，进口货物的收货人、出口货物的发货人应当到场，并负责搬移货物，开拆和重封货物的包装。海关认为必要时，可以决定开验、复验或者提取货样。

经收发货人申请，海关总署批准，其进出口货物可以免验。

③ 进口货物的收货人自运输工具申报进境之日起超过 3 个月未向海关申报的，其进口货物由海关提取变卖处理。所得价款在扣除运输、装卸、储存等费用和税款后尚有余款的，自货物变卖之日起 1 年内，经收货人申请，予以发还；逾期无人申请的，上缴国库。

④ 经营保税货物的储存、加工、装配、寄售业务，需经海关批准，并办理注册手续。

⑤ 进口货物应当由收货人在货物的进境地海关办理海关手续，出口货物应当由发货人在货物的出境地海关办理海关手续。

经收发货人申请，海关同意，进口货物的收货人可以在设有海关的指运地、出口货物的发货人可以在设有海关的启运地办理海关手续。

⑥ 海关监管货物未经海关许可，任何单位和个人不得开拆、提取、交付、发运、调换、改装、抵押、转让或者更换标记。

海关加施的封志，任何人不得擅自开启或者损毁。

(3) 关税

1) 进口货物的收货人、出口货物的发货人是关税的纳税义务人。进出口货物的纳税义务人，应当自海关填发税款缴纳证的次日起 7 日内缴纳税款。

2) 进口货物以海关审定的正常到岸价格为完税价格，出口货物以海关审定的正常离岸价格扣除出口税为完税价格。到岸价格和离岸价格不能确定时，完税价格由海关估定。

3）下列进出口货物、进出境物品，减征或者免征关税：

①无商业价值的广告品和货样；

②外国政府、国际组织无偿赠送的物资；

③在海关放行前遭受损坏或者损失的货物；

④规定数额以内的物品；

⑤法律规定减征、免征关税的其他货物、物品；

⑥中华人民共和国缔结或者参加的国际条约规定减征、免征关税的货物、物品。

2.《中华人民共和国进出口商品检验法》

进出口商品检验，是指确定列入目录的进出口商品是否符合国家技术规范的强制性要求的合格评定活动。合格评定程序包括：抽样、检验和检查；评估、验证和合格保证；注册、认可和批准以及各项的组合。

（1）进口商品的检验

非免检的进口商品的收货人或者其代理人，应当在商检机构规定的地点和期限内，向报关地的商检机构报检。海关凭商检机构签发的货物通关证明验放。

（2）出口商品的检验

1）非免检的出口商品的发货人或者其代理人，应当在商检机构规定的地点和期限内向商检机构报检。商检机构应当在国家商检部门统一规定的期限内检验完毕，并出具检验证单。

2）海关凭商检机构签发的货物通关证明验放。

3）经商检机构检验合格发给检验证单的出口商品，应当在商检机构规定的期限内报关出口；超过期限的，应当重新报检。

4）为出口危险货物生产包装容器的企业，必须申请商检机构进行包装容器的性能鉴定。生产出口危险货物的企业，必须申请商检机构进行包装容器的使用鉴定。使用未经鉴定合格的包装容器的危险货物不准出口。

5）对装运出口易腐烂变质食品的船舱和集装箱，承运人或者装箱单位必须在装货前申请检验。未经检验合格的，不准装运。

（3）法律责任

1）将必须经商检机构检验的进口商品未报经检验而擅自销售或者使用的，或者将必须经商检机构检验的出口商品未报经检验合格而擅自出口的，由商检机构没收违法所得，并处货值5%～20%的罚款；构成犯罪的，依法追究刑事责任。

2）未经国家商检部门许可，擅自从事进出口商品检验鉴定业务的，由商检机构责令停止非法经营，没收违法所得，并处违法所得1倍以上3倍以下的罚款。

3）进口或者出口属于掺杂掺假、以假充真、以次充好的商品或者以不合格进出口商品冒充合格进出口商品的，由商检机构责令停止进口或者出口，没收违法所得，并处货值金额50%以上 3 倍以下的罚款。

第 3 节　保险与索赔

国际货物运输保险分为海运货物保险、陆运货物保险、空运货物保险和邮包运输保险。

一、海运货物保险

1. 基本概念

（1）海上风险与损失

海上风险一般包括自然灾害和意外事故两种，这些风险所指的大致内容如下：

1）自然灾害。所谓自然灾害，是仅指恶劣气候、雷电、洪水、流冰、地震、海啸以及其他人力不可抗拒的灾害，而非指一般自然力所造成的灾害。

2）海上意外事故。海上意外事故不同于一般的意外事故，它所指的主要是船舶搁浅、触礁、碰撞、爆炸、火灾、沉没、船舶失踪或其他类似事故。海损是指被保险货物在海运过程中，由于海上风险所造成的损坏或灭失而言。根据国际保险市场的一般解释，凡与海路连接的陆运过程中所发生的损坏或灭失，也属海损范围。

（2）外来风险和损失

外来风险和损失，是指海上风险以外由于其他各种外来的原因所造成的风险和损失。外来风险和损失包括下列两种类型：

1）一般的外来原因所造成的风险和损失。这类风险损失，通常是指偷窃、短量、破碎、雨淋、受潮、受热、发霉、串味、沾污、渗漏、钩损和锈损等。

2）特殊的外来原因造成的风险和损失。这类风险损失，主要是指由于军事、政治、国家政策法令和行政措施等原因所致的危险损失，如战争和罢工等。

2. 海运货物保险的险别

（1）基本险别

我国《海洋运输货物保险条款》规定的基本险别包括平安险、水渍险和一切险。在海运保险中，保险责任的起讫，主要采用“仓至仓”条款，即保险责任自被保险货物运离保险单所载明的起运地仓库或储存处所开始，直至该货物运抵保险单所载明的目的地收货人的最后仓库或储存处所为止。

（2）附加险别

附加险别包括一般附加险和特殊附加险。

1）一般附加险不能作为一个单元物项目投保，而只能在投保平安险或水渍险的基础上，根据货物的特性和需要加保一种或若干种一般附加险。常见的一般附加险有提货不着险、淡水雨淋险、渗漏险、短量险、钩损险、污染险、破碎险、碰损险、生锈险、恶味险和受潮受热险等。

2）特殊附加险有战争险、罢工险、舱面险、拒收险、黄曲霉素险等。

3. 海上保险合同

海上保险合同是指保险人按照约定，对被保险人遭受保险事故造成保险标的的损失和产生的责任负责赔偿，而由被保险人支付保险费的合同。

（1）海上保险合同的内容

保险人名称、被保险人名称、保险标的与保险价值、保险金额、保险责任和除外责任、保险期间、保险费。

（2）保险标的

船舶与货物；船舶营运收入，包括运费、租金、旅客票款；货物预期利润；船员工资和其他报酬；对第三人的责任；由于发生保险事故可能受到损失的其他财产和产生的责任、费用。

（3）合同的订立、解除和转让

被保险人提出保险要求，经保险人同意承保，并就海上保险合同的条款达成协议后，合同成立。保险人应当及时向被保险人签发保险单或者其他保险单证，并在保险单或者其他保险单证中载明当事人双方约定的合同内容。

保险责任开始前，被保险人可以要求解除合同，但是应当向保险人支付手续费，保险人应当退还保险费。除合同另有约定外，保险责任开始后，被保险人和保险人均不得解除合同。货物运输和船舶的航次保险，保险责任开始后，被保险人不得要求解除合同。

海上货物运输保险合同可以由被保险人背书或者以其他方式转让，合同的权利、义务随之转移。合同转让时尚未支付保险费的，被保险人和合同受让人负连带支付责任。

（4）被保险人的义务

1）除合同另有约定外，被保险人应当在合同订立后立即支付保险费。

2）一旦发生保险事故，被保险人应当立即通知保险人，并采取必要的合理措施，防止或者减少损失。

（5）保险人的责任

1）发生保险事故造成损失后，保险人应当及时向被保险人支付保险赔偿。

2）除合同另有约定外，因下列原因之一造成货物损失的，保险人不负赔偿责任：

①航行迟延、交货迟延或者行市变化。

②货物的自然损耗、本身的缺陷和自然特性。

③包装不当。

4. 我国海运出口货物保险

我国出口货物如按 CIF 条件成交，应由我国出口人及时向当地中国人民保险公司逐笔投保手续。其具体做法是：根据买卖合同或信用证的规定，在备妥货物后和确定装船出运时，按规定格式填制投保单，向当地中国人民保险公司投保。然后由保险公司凭已出立保险单（或其他保险凭证），作为其接受保险的正式凭证。该凭证是出口人向银行议付货款所必备的单证之一，也是被保险人索赔和保险公司理赔的主要依据。

我国进口货物多按 FOB 或 CFR 条件成交，由国内各进出口公司负责向中国人民保险公司办理保险。根据海运进口货物预允保险合同的规定，投保人在得悉每批货物起运时，应将船名、开航日期及航线、货物品名及数量、保险金额等项内容，书面定期通知保险公司，即作为向保险公司办理了投保手续，保险公司就应对此负自动承保的责任。如果投保人未按预约保险合同规定办理投保手续，则货物发生损失时，保险公司不负赔偿责任。

二、陆运货物保险

1. 风险与损失

货物在陆运过程中，可能遭受各种自然灾害和意外事故。常见的风险有：车辆碰撞、倾覆和出轨、路基坍塌、桥梁折断和道路损坏以及火灾和爆炸等意外事故；雷电、洪水、地震、火山爆发、暴风雨以及霜雪冰雹等自然灾害；战争、罢工、偷窃、货物残损、短少、渗漏等外来原因所造成的风险。这些风险会使运输途中的货物造成损失。货主为了转嫁风险损失，就需要办理陆运货物保险。

2. 陆运货物保险的险别

陆运货物保险的基本险别有陆运险和陆运一切险两种。此外，还有陆上运输冷藏货物险，它也具有基本险性质。

陆运险与陆运一切险的责任起讫，也采用“仓至仓”责任条款。

3. 我国陆运货物保险

陆运出口货物如由我方保险，应按照有关规定及时向保险公司办理投保手续。陆运进口货物，则按同人保公司签订的陆运进口货物预约保险合同的规定办理投保手续。陆运货物如发生承保范围内的损失，应向保险公司提出索赔，其索赔时效从被保险货物在最后目的地车站全部卸离车辆后起算，最多不得超过 2 年。

三、空运货物保险

1. 风险与损失

货物在空运过程中，有可能因自然灾害、意外事故和各种外来风险而导致货物全部或部分损失。常见的风险有：雷电、火灾、爆炸，飞机遭受碰撞倾覆、坠落、失踪，战争破坏以及被保险货物由于飞机遇到恶劣气候或其他危难事故而被抛弃等。为了转嫁上述风险，空运货物一般都需要办理保险。

2. **空运货物保险的险别**

空运货物保险的基本险别有航空运输险和航空运输一切险。这两种基本险都可单独投保，在投保其中之一的基础上，经投保人与保险公司协商可以加保战争险等附加险。加保时须另付保险费。在加保战争险前提下，再加保罢工险，则不另收保险费。

航空运输险和航空运输一切险的责任起讫也采用"仓至仓"条款。航空运输货物战争险的责任期限，是自货物装上飞机时开始至卸离保险单所载明的目的地的飞机时为止。

3. **我国空运货物保险**

空运出口货物如由我方保险，则应按有关规定向保险公司办理投保手续。空运进口货物应按预约保险合同的规定办理投保手续。

四、国内货物运输保险

国内货物运输保险包括海洋运输保险、铁路运输保险和航空运输保险，其保险合同的内容格式基本相同，只是在赔偿责任、责任免除等条款上根据各种运输方式的特点而有所不同。

1. **保险合同的主要内容**

保险合同一般包括货物运输保险单和保险条款两部分。

（1）货物运输保险单

单中载明被保险人名称，保险货物项目、数量、包装及标志，保险金额，保险起讫地点，运输工具，起运日期和投保险别等项内容。

（2）保险条款

1）条款的主要内容。保险标的范围；保险责任，包括基本险和综合险；责任免除；责任起讫；保险价值和保险金额；投保人、被保险人的义务；赔偿处理。

2）注意事项

①保险标的范围一般不包括金银、珠宝、钻石、玉器、首饰、古币、古玩、古书、古画、邮票、艺术品、稀有金属等珍贵财物，以及蔬菜、水果、活牲畜、禽鱼类和其他动物。

②责任起讫也采用"仓至仓"方式，即自签发保险单（凭证）后，保险货物运离起运地发货人的最后一个仓库或储存处所时起，至该保险单（凭证）上的目的地的收货人在当地的第一个仓库或储存处所时终止。但保险货物运抵目的地后，如果收货人未及时提货，则保险责任的终止期最多延长至以收货人接到《到货通知单》后的15日为限（以邮戳日期为准）。

2. **保险的赔偿处理**

（1）被保险人向保险人申请索赔时，应当提供下列有关单证：

1）保险单（凭证）、运单（货票）、提货单、发票（货价证明）。

2）承运部门签发的货运记录、普通记录、交接验收记录、鉴定书。

3）收货单位的入库记录、检验报告、损失清单及救护货物所支付的直接费用的单据。

4）其他有利于保险理赔的单证。

（2）赔偿金额

1）保险货物发生保险责任范围内的损失时，按保险价值确定保险金额的，保险人应根据实际损失计算赔偿，但最高赔偿金额以保险金额为限；保险金额低于保险价值的，保险人对其损失金额及支付的施救保护费用按保险金额与保险价值的比例计算赔偿。保险人对货物损失的赔偿金额，以及因施救或保护货物所支付的直接合理的费用，应分别计算，并各以不超过保险金额为限。

2）保险货物发生保险责任范围内的损失，如果根据法律规定或有关约定，应当由承运人或其他第三者负责赔偿一部或全部的，被保险人应首先向承运人或其他第三者提出书面索赔，直至诉讼。被保险人若放弃对第三者的索赔，保险人不承担赔偿责任；如被保险人要求保险人先予赔偿，被保险人应签发权益转让书，应将向承运人或第三者提出索赔的诉讼书及有关材料移交给保险人，并协助保险人向责任方追偿。由于被保险人的过错致使保险人不能行使代为请求赔偿权利的，保险人可以相应扣减保险赔偿金。

3）保险货物遭受损失后的残值应充分利用，经双方协商，可作价折归被保险人，并在赔款中扣除。

4）赔偿金额一经保险人与被保险人达成协议后，应在 10 日内赔付。

参考文献

1. 刘志学主编. 现代物流手册. 北京：中国物资出版社，2002

2. ［美］唐纳德·鲍尔索克斯等著. 物流管理基础：供应链过程的一体化. 林国龙等译. 北京：机械工业出版社，1999

3. ［美］罗纳德·巴罗著. 企业物流管理：供应链的规划、组织和控制. 王晓东等译. 北京：机械工业版社，2002

4. ［美］爱德华·佛莱哲利著. 物流战略咨询. 任建标译. 北京：中国财政经济出版社，2003

5. 崔介何主编. 企业物流. 北京：中国物资出版社，2003

6. 鲍新中等编著. 物流运营管理体系规划. 北京：中国物资出版社，2004

7. 程国全等编著. 物流信息系统规划. 北京：中国物资出版社，2004

8. 刘凯主编. 现代物流技术基础. 北京：清华大学出版社，北京交通大学出版社，2004

9. 姜大立等编著. 现代物流装备. 北京：首都经济贸易大学出版社，2004

10. 霍红主编. 物流学导论. 北京：科学出版社，2009

11. 王婷主编. 物流操作实务. 北京：机械工业出版社，2004